AF371285

LES SUNAMITES

AU PALAIS-ROYAL.

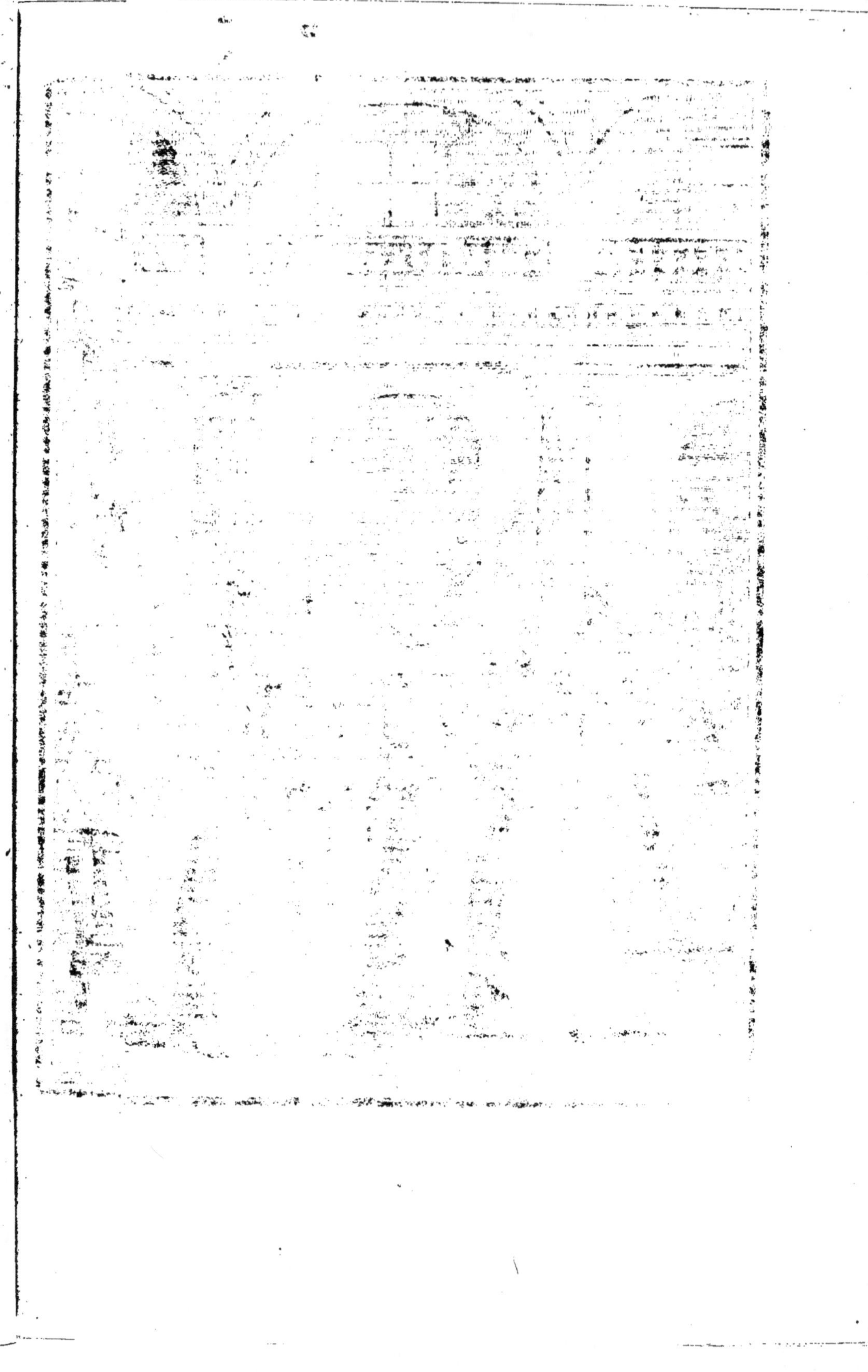

Le Cirque.

LE PALAIS-ROYAL.

SECONDE PARTIE.

LES SUNAMITES.

O tempora ! ô mores !... *Cicero & Martialis.*

A PARIS,

AU PALAIS-ROYAL dabord; puis,

PARTOUT;

Même chés Gudot, libraire rue des-Bernardins

1790.

SUJET DE LA II.^{de} ESTAMPE.

LE CIRQUE.

On voit ici les 48 SUNAMITES, dont Chaqu'une est indiquée par le même chifre qui la designe dans la Table.

TABLE DES MATIÈRES.

Les Sunamites.

1	Sunamite.	Clovise,
2		Serpentine,
3		Rosalie.
4		Fanchette.
5	1.re 14.ne	Œillette,
6		ét Rose.
7		Aurore,
8		ét Jasmine.
9		Amande,
10		ét Giroflée.
11		Amaranthe,
12		ét Violette.
13		Piramidale,
14		ét Pensée.
15		Basilique,
16		ét Balsamie.
17		Lilette,
18		ét Tubereuse.
19	2.de 14.ne	Capucine,
20		ét Santorée.
21		Lavande,
22		ét Julienne.
23		Muguette,
		ét Jacinthe.

A iij

TABLE.

25   Narcisse,
26   ét Blanchette.
27   Belledejour,
28   ét Belledenuit.
29   Printanière,
30   ét Automnette,
31   Soucie,
32   ét Liserone.

33   3.me 14.ne   Bleuette,
34   ét Barberose.
35   Tulipette,
36   ét Genetine.
37   Pivoine,
38   ét Muscadine.
39   Orange,
40   ét Grenade.
41   Piédalouette,
42   ét Fraisée.
43   Abricote,
44   ét Framboisine.
45   Pêchette,
46   ét Felicité.
47   Reineclaude,
48   ét Rosemauve.

Avis.

Nous venons de parcourir une épineuse carrière !... Que de petits Catons de vingt-ans auront froncé le sourcil !... —Qu'eſt-ce que cette Brochure ? Des Hiſtoriettes ſcandaleuses ! de Perſones très-peu intereſſantes-!... A quoi ſ'eſt-il occu-pé-là-!

Que de choses nous aurions à te repondre, Sage-prematuré !... qui te crois un Ariſtarque, parceque tu as deja fait tomber dix Tragedies ?.... Dabord, Celles dont je t'ai parlé, ſont des Françaises.... Sais-tu tout ce que ce nom a de glorieux ? Enſuite, elles auraient été des Citoyennes... —Des Citoyennes !.. —Pourquoi ne le feraient-elles pas ?.. Hâ ! c'eſt qu'une Ariſtocratie corruptrice avait avili toutes les Clâſſes de la Société... Nous posons en fait, que ſi notre admirable Revolution ſe conſolide, comme il y a tout lieu de le croire, elle élevera tellement l'âme à tout ce qui porte le nom de Fran-

A iv

çais, que dans dix ans, on ne trouvera plus de Filles-publiques, ni de SUNAMITES, ni de BERCEUSES, ni de CHANTEUSES, ni de CONVERSEUSES, comme Celles dont nous avons parlé, comme Celles dont nous alons tracer l'histoire. Les mœurs vont s'épurer, ô chers Concitoyens, ét cet Ouvrage, publié, non pour divertir les Sots, égayer les Fous, émoustiller les Libertins, mais pour montrer à quel point effrayant nous en sommes, cet Ouvrage sera pour la Posterité, un monument historique, comme les *Satires* de *Juvenal*, ét les *Epigrammes* de ce *Martial* omniloque, sans lequel on n'aurait pas le vocabulaire secret des Latins !... Nous ne pretendons pas à cette dernière gloire ! notre style est sevère ét chatié : Tout le monde peut nous lire...

Nous vous saluons, sage Lecteur, après cette espèce de *Mercuriale*, que nous fesons aux petits Catons, graves Effetés : Helas ! on dirait qu'ils semblent ne redouter les Tableaux voluptueux, que par la rage de l'impuissance !

LE PALAIS-ROYAL.

Par un INDAGATEUR.

SECONDE PARTIE.

LES SUNAMITES AU PALAIS-ROYAL.

Preambule.

CONCLUSION DE RENAUDETTE.

Nous avons dit, que nous ne parlerions pas des *Filles communes* du Palais-royal : Nous les paſſons donc, à l'exception d'une feule, *Renaudette.* Cette jolie Creature, qu'on a vue cet été 1789, en karako rayé, ét en blanc, cet automne, a paru fi jolie à un Provincial, qu'il l'a tirée du grand-commun, pour la remettre au particulier. Elle voulait-

II Partie.   A v

resister, l'Homme étant dans sa trente-cinquieme année, & la delicate Renaudette n'ayant de goût que pour les Adolescens : Mais cet Homme, tenace dans ses goûts, qu'il s'embarrasse peu qu'on partage, ayant emmené Renaudette chés lui par ruse, il lui signifia, qu'il la voulait garder : Elle resista ; il la fit mettre en cage ; ét toutes les fois qu'elle resiste, ou qu'elle veut s'en-aler, quatre grillages lateraux, artistement faits, se lèvent, ét la Petite - persone se trouve encagée. Rien n'y fait. Mais on la tient-là, sans manger, jusqu'à ce qu'elle se mette à la raison. L'Homme lui a déclaré, que s'il ne craignait-pas de lui gâter la peau, il la ferait passer par les verges, au moindre caprice. Il espère de parvenir enfin à la rendre douce, ét il se propose de la mener partout avec lui. Quand il la quitte, ce qui est rare, elle est enfermée. Voila tout ce que nous avons su, par Doris, de cette Fille mutine.

LE CIRQUE.

Nous avions fait un delicieux dîner, chés un Ami, avec beaucoup d'Etrangers, ét une Jeune-persone charmante. Nous ne sortimes de cette maison qu'à huit heures, ét nous nous rendimes au Palais-royal, devenu le centre de tous les amusemens. Le Cirque était ouvert. Nous y entrames.

La majesté de la salle, le charme de l'Orquestre, la legèreté des Danseuses, la beauté, l'élegance des Spectatrices, tout contribuait à donner à ce beau Souterrein, un air magique : la curiosité était attirée par les Jeux, par les Cafés, par les Cabinets commodes, qui pouvaient servir de retraite à la volupté, même à l'amour.

Après avoir tout examiné, vers les neuf heures, au moment où toutes les

Femmes honnêtes fortaient, pour aler à leur foupers-fins, nous remarquames qu'il ne reftait que les *Filles :* nous les obfervames curieufement, en notre qualité d'Indagateur.

LA CICERONA DU CIRQUE.

Une d'entr'elles, au long visage, nous parut de bonne-amitié. Nous l'abordames. Elle en parut flatée : Nous avions fait dans le Cirque une forte de fenfation, ét la preference que nous paraiffions donner à *Maîne*, fur une foule de Belles, étalées ou danfantes, dut exalter fa vanité.... (Soit-dit fans en marquer nous-mêmes) !.... Nous fondames fa tournure - d'efprit. Elle nous parut gaie, ét plûs inftruite que les Filles ordinaires. Nous lui exprimames une velléité de connaître... Auffitôt la très-prvenante Maîne, allemande d'origine, nous offrit d'être notre *Cicerona*, ét de nous inſtruire de tout ce que nous voudrions ſavoir.

La première *Fille* qui nous frappa, ce fut une Enfant de douze à treize ans, ſi jolie, ſi delicate, ſi modeſte, quoi-qu'-ayant l'air d'une Enfant-gâté, que nous ne pouvions nous laſſer de la conſiderer. L'Alsacienne au long visage, nous dit: —C'eſt par Celle-là que je vais commencer. Son vrai nom eſt *Clovise*; ſon nom-de-guerre, *Sirène*. Je ſais tout ce qui la regarde, parceque je ſuis bien avec Celle qui l'a miſe dans le monde. C'eſt une Jolie *Fille* de dixhuit ans, mais qui n'en paraît que ſeize : elle ſe nomme *Javote*, ét ſon nom-de-guerre eſt *Serpentine*. Ecoutez-moi. Je ne me ſervirai que de leur vrais noms.

L.^{es} S U N A M I T E S:

C L O V I S E, & *J A V O T E*.

Une Mère affés laide, avait épousé un joli Père. Ils avaient fait une jolie Enfant, qui reſſemblait au Dernier. La Mère était bien-fière d'avoir fait plûs beau qu'elle, ét on n'imagine pas les peines qu'elle prenait à parer ſa Fille. Elle ne l'a perdait pas de vue ; elle la tenait toujours à-côté d'elle. Precaution fort ſage ! mais qui ne fut pas ſuffiſante…!

Mad. *Legrand*, au-moment où ſa Fille atteignit ſa douzième année, avait pris pour cuisinière, une petite Villageoise affés jolie, qu'on lui recommanda fort, parce qu'elle était d'honnête famille. M. ét Mad. Legrand, qui étaient marchands, vinrent, comme tout le monde, ſ'établir au Palais-royal. Là, ils envoyaient *Clovise*, avec *Javote*, ſe promener dans le Jar

din, pour fortifier ſa ſanté. La Fille-
domeſtique avait environ ſeize ans, elle
ſ'enjolivait à vue-d'œil ; Clovise, à
douze accomplis, annonçait la beauté
la plus complette.

Javote était honnête : mais le ſpectacle continuel qu'elle avait ſous leſ
ieus, de *Filles* qui ne la valaient pas,
ſuperbement parées, lui fesait-faire des
reflexions. Elle en cauſait même avec
Clovise. Elles remarquaient enſemble,
comme ces *Filles* étaient ſuivies de
Jeunes-gens. —Elles ſont bien heureuses! (disait Javote!)—Oui! (repon-
dait Clovise) : Elles vont où elles
veulent! ét moi, pour venir ſeulement
ici, faut le demander pendant une heure!
—Hô! vous, votre Maman vous aime,
elle vous accorde tout ; ſi vous faites
quelque chose de mal, c'eſt-moi qu'elle
gronde. —Oui ; mais à-force de me
choyer, ça m'ennuie! J'aimerais mieus

moins d'amitié , ét plûs de liberté. —Vous avez raison! mais fi vous étiez donc comme moi, toujours meprisée, toujours grondée! On ne fouffre pas, fans peine, que je mette un fichu blanc! des bas, des chauffures propres : :: Voyez donc ç'te Chiffon! ça fe croit jolie!.. (dit votre Mère). Et votre Père, qui fe fert des mots les plus avilissans! qui me fait m'abîmer les mains à lui decroter fes habits ét fes fouliers! —Ha-dame, ma'm'-felle, vous êtes fervante vous-!

Ce mot fit rougir Javote. —Tu me le paieras-! (penfa-t-elle). De ce moment, Javote refolut de perdre la Fille-unique des fes Maîtres. Elle diffimula; mais elle chercha l'occasion de la faire fouvent gronder, par une Mère qui l'idolâtrait. C'eft qu'enfuite, mad. Legrand demandait prefque pardon à fa Fille, ét caufait cent-fois plûs de mal, que fa reprimande n'avait produit de bien. On reparait le petit desagrement causé à la jolie Clovise, par mille complaisances, furtout par la promenade. Javote, qui voulait la perdre, ét rendre cette Fille cherie fon égale, employait tous les moyens pour rendre fa Jeune-maîtreffe ingrate, infolente. Elle reüffit au-point, que la Mère ne favait que devenir. Elle pleurait : Ce qui ne fesait qu'impatienter Clovise plûf- que tout le refte ; elle en était depitée.

Un-jour, la mechante Javote dit à Clovise : —Vous étes bien-bonne, ma'm'selle ! faites une efcapade ! On ne vous retient comme on fait , que parce- que vous étes jolie , ét que vous êtes pucelle : Dès que vous aurez fauté le pas , on ne fera plus tant d'attention à vous : C'eft comme vos fourreaux , ausquels on vous oblige de bien pren- dre-garde le premier jour ; ét dès qu'ils ont une tache , on ne vous dit plus rien-!... Clovise se trouva convaincue par ce raisonnement à sa portée. Il fut convenu que Javote sortirait, qu'elle se ferait demoiselle du Palais-royal, ét que, comme il y en avait de l'âge ét de la tâille de Clovise, la petite Legrand irait avec Javote, dès que Celle-ci serait placée.

Javote, à la premiére querelle, demanda son compte. On la prit au mot, en apparence ; mais comme elle était recommandée, on se promettait de lui faire-grâce, à la première marque de repentir : La Petite, son argent reçu, fit son paquet, ét l'emporta, sans être visité. Ce qui mit dans une furieuse colère contr'elle.

Dès le lendemain-soir, elle vint tousser, suivant qu'il était convenu avec Clovise, aux environs de la boutique. Elle était mise comme une deesse, èn fourreau de linon, doublé de rose, ét coîfée du dernier goût. Ce qui la rendait jolie comme Venus !... Clovise profita de la diſtraction de ſa Mère, pour ſ'échapper ſans permiſſion, ét courir au Jardin, le long du Cirque à droite, en entrant par le Palais. Elle demanda Javote à elle-même, en l'abordant ? La Fille éclata de rire, ét fut reconnue. —Hô ! que tu es belle ! —Tu le feras bien davantage ! (lui repondit Javote, en la tutoyant pour la première-fois). Tu me ſurpaſſeras, autant que tu me ſurpaſſais : Tous les Hommes feront fous de toi, comme ils le ſont de moi-. En-ce-moment, un vieux Débauché ſ'approcha. Javote le repouſſa dedaigneuſement. Un beau Jeune-homme ſurvint. Elle lui prit le bras, ét ſ'en fut avec lui, en diſant à Clovise : —Adieu, ma Bonne-amie ! Demain, je te dirai bien des choſes !

Clovise ſ'en-revint toute-émerveillée. Elle trouvait Javote adorable ; ét l'idée qu'elle la furpafferait, lui tournait la tête. Ce fut au-milieu de ces reflexions, qu'elle fe retrouva auprès de fa Mère.

On lui demanda fevèrement, d'où elle venait ? C'eft que le Père avait reconnu la toux de Javote. Clovife baiffa les ieux, ét ne dit mot. Sa Mère l'embraffa. Mais il était l'heure de fermer, ét quand on fut à la maison, le Père gronda fort, ét voulut favoir la verité ? Il ne la fut qu'à-demi. Sa colère ala jufqu'à vouloir donner un foufflet à Clovife, que fa Mére preferva, en la cachant dans fon giron. La petite Legrand prit en ce moment fa resolution.

Le lendemain, à l'heure du dîner, fe trouvant feule à la maison, elle fit une malle de tout ce qu'elle avait de mieux, prit de l'argent, cacha tout-cela dans un petit cabinet, dont elle emporta la

clef, ét vint à la boutique. Elle attendit le foir avec impatience. Vers les
dix heures, Javote touffa faiblement.
Le Père n'était pas-là : Mad. Legrand
était occupée. Clovise fe gliffe, court
à fon ancienne Servante, ét lui dit: —Il
n'y a pas un moment à perdre : vîte un
fiacre ; courons à la maison; mon paquet eft fait ; je quitte, ét vais avec toi-.
Javote lui prit la main, ét fans lui repondre, fe mit à courir avec elle. On
prit un fiacre au Château-d'eau : Le
Cocher defcendit les caffettes (car la
Petite en avait rempli deux), ét on
f'éloigna, fans être vues du Voisinage.

Javote mit Clovise chés la même *Maman* : Celle-ci fut enchantée d'avoir une
fi Jolie-perfone ! Comme c'eft depuis la
revolution, il n'y avait pas encore de
règle: On f'inquiéta peu fi Clovise était
pucelle ou non. Cependant Javote, qui
l'était encore elle-même, dit que fa

Compagne ne l'était pas. Elles cou-
chèrent enfemble avec un Viellard, qui
paya gros ; mais Clovise ne le vit pas.
Cet Homme ne leur ôta qu'un-peu de
fraîcheur, car il était incapable.

Le lendemain , Covise fut parée.
Elle était raviffante. Elle voulut aler au
Palais-royal , où Perfone ne la reconnut.
Il eft vrai qu'elle ne paffa pas devant la
boutique de fon Père. Elle ala feulement à la porte-vitrée qui donnait fur
le Jardin , pour voir quelle mine on fesait. La Mère avait les ieus rouges :
Le Père était accâblé. Javote fa-
voura fa vengeance. Mais bientôt,
craignant que fa Compagne ne f'atten-
drît , elle éclata-de-rire , et l'entraîna,
en courant. Elles accueillirent deux
Jeunes-fats , ét Javote voulait fortir du
Jardin avec eux ; mais Clovise prefera
de fe promener ét de voir le monde.
Elles ne rentrèrent qu'à onze heures.

On les mit coucher ensemble, avec un Villard, qu'on ne laissa pas voir à Clovise.

Tous les jours, depuis un mois, se sont passés comme ces deux-là. Javote fait tout ce qu'elle peut, afin qu'un Libertin deflore Clovise, avant elle-même: Mais la Petite, qui n'est pas encote formée, outre qu'elle n'a pas de goût pour les Hommes, offre de trop grands obstacles. Elle est passionnée pour la danse du Cirque, ét c'est ce qui la retient dans son état, qu'elle aurait deja quitté. Elle a refusé d'être entretenue, très-avantageusement. Elle a proposé, à sa place, Javote, qu'elle appelle sa Sœur : Mais deux Hommes riches, instruits de sa conduite envers Clovise, ont pris la Servante en aversion.

Ils n'ont pas tort ! Il n'est rien d'infâme qu'elle ne cherchat à faire-faire à Clovise, par les Hommes, mais Celle-ci oppose son innocence, sa beauté : les

Hommes font fi touchés de la jeuneffe ét de la naïveté de cette Enfant, qu'ils la refpectent »...

En-ce-moment, Javote arriva.

—Tenez, voila Javote! (nous dit l'Alsacienne au long visage). Nous la regardames. Cette Fille était jolie; mais elle avait l'air bas. Il était onze heures: on fortait.

Nous priames l'Alsacienne de nous accorder fa compagnie, au Cirque du jeudi fuivant; ét nous l'engajames à nous procurer un entretien avec Clovise ét Javote, ce foir-même. Elle ala auffitôt les prevenir. L'Orqueftre jouait la retraite: les danfes étaient diffoutes, ét nous donnames la main à la jolie Clovise, ainfi qu'à Javote. Nous marchames, en fesant à la Première, des complimens d'un air, qui deguisait nos fentimens interieurs. Arrivés dans la cour, nous leur offrimes de les remener

dans

dans notre voiture. L'envie d'aler en caroffe, les determina. Nous favions la demeure de M. Legrand, père de Clovise, marchand connu. Un mot à notre Cocher nous fit remettre, non feulement à fa porte, mais dans fa cour. Nous favions, par experience, qu'on ne fe reconnaît pas facilement le foir, quand on eft venu en caroffe. Nous primes l'efcalier, fans que Clovise f'aperçût qu'elle était chés elle. Notre Laquais, monté avant nous, vint nous recevoir un flambeau à la main, après avoir prevenu les Parens. Nous étions au-milieu de la falle de M. ét Mad. Legrand, avant que fa Fille ét Javote l'euffent reconnue. Ils parurent. Clovise fit un cri, ét courut fe jeter dans les bras de fa Mère. Javote fut prête à f'évanouir. Nous la foutinmes. M. Legrand, quoiqu'un-peu fevère, ala embraffer fa Fille dans les bras de fa Femme.

—Hà bon Père ! (s'écria Clovise d'elle-même) , jamais je ne te donnerai plus de chagrin-!

On ne remit pas Javote. On lui montra le plûs grand respect. Elle était tremblante. Clovise qui nous parut très-spirituelle , en cette occasion , sentit, qu'il ne falait rien dire. Elle appela Javote *Madame* ; ét Celle-ci ne prononça pas un mot. Nous engajames les Parens à l'indulgence éclairée ; nous leur fimes sentir la necessité de mettre leur Fille , soit au Couvent , soit, ét mieux encore , dans une Pension sûre , de Jeunes-demoiselles. Clovise elle - même goûta notre motif , qu'elle penetra. Nous sortimes ensuite avec Serpentine.

Lorsque nous fumes dans la voiture , cette Fille se jeta dans nos bras , en nous disant : —Vous poúviez me perdre ; vous ne l'avez pas fait ! hâ ! que vous êtes bon ! Nous lui fimes des remontrances graves, ét nous la conduisimes, de son aveu, dans une Pension, rue de-Luxembourg.

En alant l'y voir le lendemain, nous y trouvames Clovise. Nous primes en particulier Serpentine, ét nous lui dimes, que la moindre imprudence de sa part, serait sans misericorde.... Qu'est-il arrivé ? Serpentine (c'est le nom qu'elle porte dans la Pension), a été changée par les instructions de la Maîtresse, ét elle est à - present le plus ferme appui de la vertu, dans le cœur de Clovise. Elle voulait aler se jeter aux genoux de ses anciens Maîtres, ét leur demander pardon. Nous en avons empêché : Nous laissons dans l'obscurité ce qui s'est passé, dans la rue Beaujolais, où les deux Jeunesfilles ont demeuré, pendant leur fuite...

Clovise rentrera bientôt chés ses Parens, qui ont une Fille-de-boutique aulfi aimable que Javote, par la figure, mais infiniment plûs meritante, pleine de talens utiles, de qualités eftimables, ét une vertu à toute épreuve.... Parens, qui avez des Enfans, prenez garde aux mœurs de vos Domefliques [*] !

On peut regarder Clovise ou Sirène, Serpentine ou Javote comme les deux premières Sunamites : mais en voici d'Autres plûs reelles.

------

[r] C'eft un grand mal, qu'il y ait des Filles-publiques ! mais c'eft un mal neceffaire ! ¶ On nous a dit que le *Difirict de Notre – dame* avait chaffé toutes les *Filles-publiques* de fon reffort : Nous desirons que les mœurs actuelles deviennent telles, que cette profcription foit fans inconvenient.

3.me ét 4.me SUNAMITES:

ROSALIE, ét FANCHETTE.

Le jeudi, l'Alsacienne nous attendait. Elle vint à nous, dès que nous parumes.

„—Je me fuis doutée (nous dit-elle), que vous voudriez favoir des Avantures, ét les terminer, comme j'imagine que vous avez terminé celle de Clovise ét de Javotè-Serpentine ! Gage que vous avez eu la fleur de cette Enfant? Je veux dire Clovise-? Nous repondimes, que cela n'était pas dans notre caractère. —Il en fera ce qu'il en doit être : Mais je vous procurerai une ample moiffon : Car non - feulement je vous ferai les hiftoires, mais je ferai votre agente, ét j'attirerai au Cirque , toutes Celles que je faurai dignes de vous, des deux manières. —Bien!

„—Vous voyez (reprit Maine),

ces deux Jeunes-filles ? —Elles font charmantes ! (repondimes-nous, ét ne paraiffent pas plûs de quatorze ans. —Elles en ont quinze, ét font à la fin de leur noviciat. —Comment de leur noviciat ? —Oui : Elles font chés une Femme, qu'on nomme la *Reftauratrice.* —Je ne connaiffais pas encore ce genre-là, ét je ne croyais pas que les deux titres de Femme-de-plaisir, ét de Reftauratrice, puffent jamais f'allier! —Ils f'allient très-bien, par l'art de Mad. *Janus*, qui a plûs de quarante Jeunes-filles de cet âge, prises dans les faubourgs & les provinces : car rarement elle fe fournit de Filles nées au centre de la Ville. Tenez , elle les a toutes amenées aujourdhui voir le Cirque. Je vous les detaillerai tour-à-tour.

» Rosalie, cette petite Brune, aux couleurs un-peu ternies, mais qui les avait d'une extrême fraîcheur, il y a fix mois,

ét *Fanchette*, cette Blonde encore ver-
meille, font des *Sulamites*. —Des *Sunamites* donc! —Soit. Le metier de Mad-
Janus, ancienne femme-de-charge d'un
Medecin celèbre, eft de reftaurer les
Vieillards. Elle leur donne deux de fes
Elèves, qu'elle tient dans une grande
maison bien aërée, audelà du Boulevard,
qu'elle nourrit des alimens les plùs fains,
ét qu'elle fortifie par un exercice jour-
nalier : Elle prend un louis par nuit.
Chaque Fille a fix francs, ét elle douze.
Les premières-fois, elle eft-là : Le Vieillard eft mis par elle dans un bain aromatiq:
Elle l'effuie elle-même, avec la main,
qu'elle roule fur fon corps, jufqu'à ce
qu'il foit d'uné propreté complette. Cela
fait, elle lui met une muselière folide
ét le couche avec les deux Sunamites,
dont la peau touche exactement la fienne. Il f'entrelace dans les deux Vierges:
(car il faut qu'elles le foient).

B iv

» Une Fille ne peut fervir que huit nuits de fuite. On en fubftitue deux Autres, ét les deux Premières fe repo- fent, en prenant des bains les deux pre- miers jours, ét en fe divertiffant les autres, pendant quinze. Car il faut à un Vieillard trois paires de Filles.

» On a la plûs grande attention à les conferver vierges, vu que cette qualité perdue, elles deviendraient nuisibles, furtout pendant la groffeffe. Si un Vieil- lard jouiffait d'une Fille, il fe ferait beaucoup de mal! ét en-outre, il per- drait une fomme dépofée dès le pre- mier jour. Une Fille fert depuis fa nu- bilité déclarée, jufqu'à trois ans audelà. Plûtard, elle dominerait le Vieillard, ét repousserait fes *effluences*, fans *influer* en lui, fi elle était neuve; ét fi c'était une de fes anciennes Sunamites, elle lui *reïnfluerait* les humeurs *peccantes*, qu'il lui aurait *influées*. Une Fille peut fervir un an au-plûs, en l'employant tous les jours ... Voila sans-doute ce que vous vouliez savoir?

» Rosalie ét Fanchette sont deux cousines, prises à l'extremité du faubourg *Saintantoine.* Elles ont été achetées par mad. Janus, à l'âge de quatre ans, d'une Femme qui les conduisait, après la mort de leurs Parens, à l'Hôpital-general : Mad. Janus, qui avait dès-lors ses vues, vit ces deux Enfans qui pleuraient elle s'informa. La Femme lui dit, que l'Une était fille de ce malheureux Jeunehomme du faubourg, qui aimait sa Sœur, & qui l'avait poignardée; c'est Rosalie; ét d'une Fille, que cette Sœur honnéte avait substituée à sa place, dans une occasion perilleuse : l'Autre, de la Sœur elle-même, ét d'un Amant.

»» Surprise un-jour par ce Furieux, elle ne le calma, qu'en promettant de coucher avec lui, la nuit suivante. Ils

B v

convinrent entr'autres du silence. Fanchette avait une Amie, appelée Rosalie, qui ne haïssait pas le Frère cruel: Cette Sœur infortunée se jeta dans ses bras, lui fit sa confidence, ét parvint à la determiner à coucher avec le Furieux. Elle esperait les marier un-jour. Pour mieux cacher son jeu, ét pour tenter les remords, dans le cœur de son Frère, Fanchette, adorée d'un Amant aimé, qui n'osait l'épouser, de-peur d'être tué par son Beaufrère, voulut qu'il couchât avec elle, ét se livra... Les deux Amies devinrent enceintes. Le Frère barbare crut avoir joui de sa Sœur, qui le supplia de lui sauver l'honneur, en la mariant: C'était ce qu'elle avait esperé. Mais le Feroce ne voulut jamais y consentir. Fanchette épousa neanmoins son Amant en secret. Les deux Amies accouchèrent le même jur. Fanchette de Rosalie, Rosalie de notre petite Fanchette. Quelque temps après, le Frère voyant sa Sœur familière avec son Mari, ét ayant été preffé d'épouser Rosalie, il eut des foupçons, qu'il éclaircit, en écoutant un entretien entr'elles. Dès qu'il fut que la petite Rosalie, qu'il adorait, n'était pas sa fille, mais feulement sa nièce, ét qu'il était père avec Une-autre, il fortit de sa cachette, ét trouvant sa Sœur feule, il-la poignarda. On fait, qu'il ne chercha pas à fe fauver. Il fe jeta aux genoux de Fanchette expirante, lui demanda pardon, but de fon fang, ét monta fur les toits. Là, prêt à fe precipiter, parceque, dit-il, une Fille comme sa Sœur ne devait pas être deshonorée par un Rompu, il eut la fingulière attention de ne vouloir bleffer Perfone. Il cria *gare*, trois-fois, ét ne fe precipita, que lorfqu'il vit la place vide.

» Tel fut le recit qu'on fit à Mad. Ja-

nus, en lui cedant lesdeux Orfelines, pour
fix francs pièce. Je dis les deux Orfelines. Rosalie-mère mourut de douleur,
ét l'Amant de Fanchette ala fur mer,
où il a peri. Les deux Petites abandonnées de tout le monde , furent laifsées
à une Fruitière – alumettière , qui ne
put les nourrir plûs d'un mois , ét qui
ne reçut les 12 livres, que pour fe dedomager de fa depenfe.

» Mad. Janus éleva ces deux Enfans
de la manière la plûs faine, ét elle en a
fait ce que je vous ai dit.

» Rosalie ét Fanchette font les *reftau-*
ratrices d'un Vieillard, qu'elles ont tellement fortifié , qu'il les a poffedées
toutes-deux , à une époque differente.
Mad. Janus en a été furieuse ! Elle les
a ôtées du nombre de fes Sunamites, a
placé fur leurs têtes l'amende encourue
par le Vieillard , leur donne encore le
coucher ét la table , mais les laiffe libres,
comme vous voyez ».

Nous remerciâmes l'Alsacienne au long visage de son intéressante narration, pendant laquelle Mad. Janus était partie avec ses Élèves, ét nous joignimes les deux Exsunamites, resolus de leur être utile, à la manière de notre ancien Ami, l'Auteur des *Nuits de Paris.*

Nous mimes tant de politesse dans notre abord, que nous nous conciliames la bienveillance des deux Jeunesfilles. Elles consentirent à sortir avec nous, ét nous les reconduisimes chés Mad. Janus dans notre voiture.

Arrivés dans une maison riante ét commode, nous y remimes les deux Jeunesfilles, à la Dame elle-même, qui, nous voyant jeunes, nous offrit une liaison de cœur avec l'Une ou l'Autre des deux Exsunamites. Nous la remerciames, en lui disant, que nous avions une Amie adorée : Ce qui nous attira des louanges de sa part, ét de celle des deux Jeunes-persones: Nous offrimes neanmoins d'être utiles à Rosalie ét à Fanchette de la manière qu'on nous indiquerait. Nous sortimes, après avoir promis de venir le lendemain, de bonne-heure, afin de voir toutes les Sunamites, avant le depart de Celles en-exercice.

— Voila des choses étranges! (diront nos Lecteurs de province, ét même Ceux de Paris). —— Oui! elles sont étranges! mais elles sont vraies Nous avons fait inserer, il y a quelque-temps, dans certain Journal, un article singulier, pour y preparer.

I.re QUATORZAINE.

Les SUNAMITES en exercice :

Nous étions chés Mad. Janus, avant
sept-heures du soir. On sait que les
Sunamites servent huit jours, ét se re-
posent quinze : Il le faut, pour qu'elles
soient saines. Conséquemment, il eſt neceſſaire qu'un seul Vieillard ait six Filles:
Auſſi Mad. Janus n'avait que sept Pratiques : Mais elles étaient excellentes! Les
Vieillards donnaient trois louis par nuit,
les deux Couples qui se reposaient, étant
payés comme celui de service.

On nous montra d'abord les quatorze
Sunamites, qui devaient partir à neuf
ét dix heures, pour leur deſtination.
¶ Œillette ét Rose alaient chés un vieux
Financier ¶ Aurore ét Jaſmine, chés

un Homme empourpré : ¶ *Amande* ét *Giroflée*, chés un vieux Duc : ¶ *Amarante* ét *Violette*, chés un Marechal-de-France : ¶ *Piramidale* ét *Penfée*, chés un Medecin millionaire : ¶ *Basilique* ét *Balsamie*, chés un Agioteur ; ¶ Enfin *Lilette* ét *Tubereuse*, chés un vieux Tontinifte, que fa Famille voulait conferver longtemps.

Nous obfervames, en riant, qu'on pourrait laiffer mourir tous ces Gens-là, au terme fixé par la Nature. — Il eft vrai (nous repondit Mad. Janus) ; mais ces Richards alimentent un Etablifferment qui peut être utile, quelque-jour, à nous conferver des Hommes precieux–. Et elle cita plusieurs noms. Nous fumes obligés de convenir qu'elle avait raison.

Remarquons ici, que fi Mad. Janus avait été connue plutôt, elle nous aurais conſervé Voltaire, Rouſſeau, Diderot, Dalembert; plus anciennement, Montesquieu, Fontenelle : Combien d'honnêtes Pères-de-famille, d'Hommes utiles à l'État, elle aurait pu conduire à une vieilleſſe experimentée !... Conſolons-nous pour l'avenir ! Dès qu'un Citoyen ſera neceſſaire à la Nation, Mad. Janus le fera vivre tant qu'il faudra, ſans ſacrifier ſes Sunamites... Revenons.

Nous priames les premières Sunamites, qui partaient à neuf heures, de vouloir bien nous faire un abregé de leur hiſtoire ; afin que nous les immortaliſaſſions, dans l'utile Ouvrage, que nous publions aujourdhui. Rose ſ'approcha de nous. C'eſt une jolie Blonde, brillante comme la fleur dont elle porte le nom.

5.me ét 6.me SUNAMITES:

ROSE, *ét fa Compagne* ŒILLETTE.

»— Maman Janus (nous dit-elle), ne veut que des Enfans independantes, pour être plûs tranquile, ét ne point effuyer de reclamation desagreable. Je fuis fille d'une Demoiselle bien-née, âgée de quinze ans, qui ayant donné un rendévous à fon Amant, dans un grenier, dont il y avait deux clefs, y fut finguliérement furprise. Mon Papa, grand homme fort ét vigoureux, avait reçu au méme lieu, un rendevous d'une Barone très-aimable ét très-voluptueuse. Mais *Adélaïde de-T**-de-R****, ma mère, l'avait devancée ; la Barone, qui avait un Amant en titre, qu'elle trompait, entendant refpirer, crut que c'était lui, ou ma Grand'mère, qui l'épiait. Elle tâta, ét trouvant une robe-de-foie, elle fe retira doucement. En defcendant, elle trouva l'Amant de ma Mère qui montait, ét qui lui baisa la main.   Le prenant pour le fien, elle le conduisit dans fon apparte- ment , trouvant plaisant de tromper la Jalouse chés elle , tandis qu'elle l'atten- drait au grenier.

» Cependant , le Père d'Adelaïde monta doucement au rendevous de la Barone. Il arriva , fans bruit , ét ayant entendu refpirer la craintive Adelaïde , il ala droit à elle. Il eut bien quelques furprife , causée par le fens du taĉt ; mais à cent lieues de la verité , il n'imagina rien.

» ?es choses faites , il defcendit , ét ala fe mettre dans fon cabinet Un inf- tant après , il entendit rentrer Quel- qu'un : Il regarda , ét vit fa Fille , en desordre , qui prenait une lumière , ét demanda de l'eau.   Il la vit. ...... en- fanglantée : mais il ne foupçonna rien.

» Après le souper, il eut occasion de voir la Barone, qui lui parut embarassée C'est qu'elle s'était aperçue que ce n'était pas son Amant qu'elle avait voulu favoriser : Le Jeunehomme, en la reconnaissant, s'était derobé. Il avait été se cacher dans le grenier , où il avait entendu les exploits de son Rival, sans le savoir. Il l'avait suivi, en sortant, ét l'avait reconnu ; il avait vu ensuite Adelaïde , ét l'avait également reconnue. Il avait fremi , ét s'était bien gardé de se montrer ! Le Vicomte père, fut bien étonné d'apprendre, que ce n'était pas la Barone, qu'il avait possedée !... Mais il n'en fut pas davantage.

» Le Jeune-Amant, de son côté, ne dit mot à sa Maîtresse. Elle ne lui avait encore rien accordé ; il l'évita....... Elle devint grosse, ét elle l'en informa par une lettre... La reponse du Jeune-J**, fut la verité : Il offrait la preuve

de tout. Adelaïde, au-deseſpoir, eut
la force de queſtionner adroitement ſon
Père ét la Barone ; elle ne fut que
trop confirmée dans la verité! Elle re-
ſolut de detruire ſon Fruit... Mais les
moyens ne reüſſirent pas. Elle eut alors
le bonheur de pouvoir conſulter le Medecin, chés lequel était Maman-Janus.
Cet habile Homme l'empêcha de prendre
des drogues, ét lui promit de l'accoucher ſecrettement.

„ On reüſſit à cacher la groſſeſſe,
à l'aide du Medecin, qui traita d'une
pretendue maladie ; ét qui, lors de la
criſe, uſa de ſon credit, pour engager
à lui confier la Malade pendant ſix
ſemaines.

„ Adelaïde accoucha de moi, chés le
Medecin : Maman-Janus me reçut, ét
prit ſoin de mon enfance : Je lui dois la
vie. Car dans un moment où l'on m'avait
laiſſéc auprès de ma Mère, elle voulut

m'étouffer. Heureusement que Maman-Janus rentra ! Elle m'emporta, ét me donna une Nourrice, qu'elle a payée. Ainſi, je lui appartiens.

„ Voila toute mon hiſtoire-».

Nous priames auſſitôt Œillette de nous faire ſon recit. —Je n'ai pas (nous dit-elle en rougiſſant), le talent de narrer, comme ma Sœur Rose : Elle ſait tout ; qu'elle raconte pour moi.

—Je le veux bien ! (ſ'écria Rose).

» Œillette eſt ma ſœur de Père : Elle eſt fille du Vicomte, ét de la Barone. Celle-ci ſe trouvant groſſe, ét non remariée, jugea très-à-propos de cacher ſa maternité. C'eſt une Femme eſprit-fort ; elle ne rougiſſait pas de ſon état, devant ſes Connaiſſances intimes : Mais ma Grand'mère maternelle lui fit entendre, qu'ayant des Filles, ma Mère ét Une-autre, il falait éviter de les ſcandaliser. Ce fut ce qui determina la

Barone, à se rendre chés le Medecin, notre protecteur primordial, pour y accoucher de ma Sœur. Ce fut environ trois mois après ma naissance.

» La Barone était brune ét jolie, comme sa Fille. Maman-Janus, qui dès ce temps-là, prevoyait son établissement actuel, s'en chargea volontiers. La Barone donnait la paternité à son Amant, ét Celui-ci en était tout-glorieux ; mais après la naissance d'Œillette, les traits de mon Père étaient si visiblement amalgamés à ceux de la Barone, qu'on n'osa pas montrer l'Enfant au Père-putatif ; on lui dit qu'Œillette était morte.

» Nous avons été élevées ensemble, jusqu'à-present. Maman-Janus s'étant établie, elle nous a fait voir à nos Mères, ét leur a demandé leur consentement, pour faire de nous ce qu'elle en fait. Elles l'ont donné, parceque ni l'Une, ni l'Autre n'étaient dans le cas de nous prendre avec elles.

» Le vieux Financier chés lequel nous alons, étant venus ici, il nous choisit, ma Sœur ét moi : Il voulut savoir notre hiftoire, à toutes-deux, ét il fut enchanté de nous avoir preferées par-hasard, ét de ce que nous étions prefque du même fang, quoique de chevelure differente. Il dit auffi, que notre origine donnerait plûs d'énergie ét d'activité à nos *effluences.*

» Je vais remplir ici, une tâche desagreable, depeur que mes Compagnes ne la negligent: Je prendrai fur moi de vous donner les details de la reftauration. Nous avons le vieux Financier.

» A notre première entrée chés lui, nous étions inftruites par Maman-Janus. Ainfi, nous ne fimes point de fotes difficultés. Il fe mit au lit au-milieu de nous, f'entrelaçant de fon mieux. Je

vous

vous affure que c'eft une grande peine,
furtout en été! Il faut toute l'amitié que
nous portons à Maman; ét le besoin que
nous avons de nous faire un fort, pour
nous obliger à fupporter la fatigue, l'in-
falubrité, la fingularité,... les degoûts
de notre emploi! Un Vieillard... qui
touffe... crache... mouche ... fue ... ét
fait mille autre choses ... non-moins des-
greables!... Hâ!.... Enfin, nous le fesons, ét nous afpirons au moment de
notre liberté, comme des Prisoniers
à la Baftille, à voir le jour. Je vous
affure que nous ne ferons pas comme
Rosalie ét Fanchette, ét que jamais
nous ne gâgnerons le depôt »!

Ainfi parla Rose.

7.me ét 8.me S U N A M I T E S:

A U R O R E, ét J A S M I N E.

—Et vous, mes Belles ? (dimes-nous aux deux Sunamites, qui s'approchèrent de nous, au moment où Rose ceffa de parler). Aurore prit la parole :

„ Nous fommes auffi deux Sœurs (nous dit-elle), Jafmine ét moi, qui avons été chosies par un Cardinal. Je commencerai par l'hiftoire de ma Sœur: car je fuis bien-fûre que, pour tout au monde, elle ne voudrait pas la raconter.... Nous fommes nées chés le Medecin dont Rose vous a parlé : Ma Sœur eft fille d'une Ducheffe, feparée de fon Mari, ét qui avait entr'autres, pour Amant, un Batelier très-beau garfon [*].

____

[*] Une Chanfon du temps celebra cette comique Avanture :

Les Marigniers d'la Gueurnouillère,

S'étant trouvée prise, elle vint accoucher chés le Medecin. Des ordres exprès étaient donnés d'enlever l'Enfant, aussitôt après sa naissance, de le porter au Père, resserré dans une étroite prison, de le massacrer devant lui, ét de lui battre les joues des membres sanglans de l'innocente Creature. Cela fait, on devait l'envoyer aux Iles.

» Une Furie titrée peut donner de pareils ordres; l'interêt peut engager à promettre de les executer ; mais l'humanité en empêche: On trompe la Megère, ét l'on reçoit son argent. Ce fut ce qui arriva. Jasmine fut remise à Maman-Janus, qui la fit élever. On montra au Monstre-mère, les membres d'une

***

Vantez qu'ça fait d'jolis-garfons !
Ça vous a ç'tour, ét des façons
Qu'on n'dirait pas des Gens-d'-rivière;
Les pauvres Fiyes du Gros-cayou
N'en ont pas à-moiquié leû' fou, &c.

Enfant morte naturellement ét diffequée. Jafmine grandit, avec moi ».

Mon hiftoire eft liée avec la fienne.

A U R O R E.

» Je fuis la cause innocente du mal-heur qui menaça les jours de ma Sœur, en naiffant. Le beau Batelier, qui avait donné dans l'œil de la Ducheffe, en était aimé, comme un Nègre-fucrifte, ou comme un Animal-de-travail : La Dame, pour elle-même, non pour lui, fourniffait à l'Inftrument-de-fes-plaisirs tout ce qu'il pouvait defirer. Le Batelier était monfieur, ét il avait quelquefois du bontemps. Ce fut dans une veine-de-tranquilité, que paffant un-jour, en caroffe, par la rue *Daufine*, en habit de Joûteur, c'eft-à-dire, en vefte ét culote blanches bien juftes, avec une ceinture-de-foie, il aperçut la jolie *Aurore*, ma Mère, dans la boutique de fon Père, marchand-fourreur. Il defcendit, ét il

entra pour la voir mieux. C'était l'été ;
il y avait peu d'ouvrage; Aurore était
feule. Le Jeunehomme était fuperbe !
fon habit provoquant laiffait voir les
fignes du desir. Il interpela d'amour la
belle Aurore , qui ne put resifter. Je
ne fais fi ce fut à la première , la fe__on-
de, ou la troisième visite; car il n'en
rendit que trois.

» L'infidelité fut decouverte. La
Ducheffe diffimula , vis-à-vis de ma
Mère. Au-moment des couches, elle
la fit enlever , ét conduire chés le Medecin : Les mêmes ordres furent donnés
contre moi, que contre ma Sœur Jafmine. On devait également faire-perir
ma Mère. Mais le Medecin était trop
honnête - homme pour cela. Il meurt
affés d'Enfans , fans qu'on en tue. La
Ducheffe fe crut fatiffaite. Mon Père
a été aux Iles , où il eft peutêtre encore.
Puiffe-t-il un jour me reconnaître » !

9.me ét 10.me SUNAMITES:

AMANDE, ét GIROFLÉE.

Deux Bellesfilles fe presentèrent, a-près la blonde Aurore ét la brune Jafmine.   On obferve, que les Sunamites font toujours brune ét blonde : Amande, qui va parler, eft de ce dernier genre, ét Giroflée du premier.

»—Comme nos quatre precedentes Compagnes, nous fommes nées fous les ieux de Maman-Janus, Giroflée ét moi. Nos Mères étaient les deux fœurs, ét nous n'avons qu'un feul Père : C'était un petit Abbé, maître-de-musique ét d'inftrumens.

» Nos Mères étaient filles d'un riche Marchand-drapier de la rue Saintdenis. Elles étaient jolies, ét pour l'âge, à un an de diftance l'Une de l'Autre. Ma Mère était l'aînée. Blonde comme fon

Père, elle était indolente ét volup-
tueuse. Le petit Abbé la cajola, ét
parvint à la posseder, malgré les atten-
tions d'une Mère surveillante. Mais si ma
Mère esquiva les regards de sa Maman,
elle ne put se derober à la curiosité de sa
Sœur-cadette. Celle-ci fut donc souvent
temoin des delices que goûtait ét que pro-
curait son Aînée. Elle fut tentée par-là.

» Un-jour que ma Mère fut menée
en visite par sa Maman, la Cadette dit à
l'Abbé : —Est-ce que je ne vaux pas
ma Sœur, que vous la traitez seule en
grand'fille ? Elle est blonde ét belle ;
je suis brune ét jolie : Elle est langou-
reuse ét tendre ; je suis vive ét petil-
lante-... Elle n'eut pas besoin de peror-
rer plûs longtemps.

» Elle fut assimilée à sa Sœur, cette
fois là seulement. Car peu de jours
après, on s'aperçut de la grossesse de
l'Aînée. On s'informa. L'Abbé fut
expulsé.   C iv

» Le Medecin de Maman-Janus, l'était de la maison : Il fut confulté. Il promit de tenir tout bien fecret. Ma Mère fut mise chés lui, où elle accoucha.

» Elle n'était relevée que depuis quinze-jours, quand on f'aperçut que la Cadette en tenait à fon tour. On la mit en penfion, comme fa Sœur, ét Giroflée vit le jour.... Maman-Janus nous a élevées, comme fes Filles : Elle nous a laiffé voir nos Mères, autant que Celles-ci l'ont voulu, ét comme toutes-deux font avantageusement établies, elles nous font chacune une penfion-viagère, fur leurs épargnes.

» Nous avons à reflaurer un vieux Duc, bien degoûtant : Avant nous, il fe fesait appliquer, fur le corps, des pièces de veau : Mais cela ne vaut pas notre chair, dont la douce chaleur lui a deja rendu la moitié de fes forces. Il

redevient libertin, ét nous avons beau-
coup de peine à nous en defendre ! Mais Maman lui a bien dit, l'un de ces jours, que s'il s'échappait, il perdrait de deux façons, le depôt d'argent, ét la vie, qu'il aime si-fort-»!

Nota. Il est de la plûs grande impor-
tance, de ne pas donner aux Jeunesfilles, pour Maîtres-de-musique, des Abbés-poupards: Qu'on prenne des Femmes; on donnera par-là un état convenable à certaiues *Émerites*, qui ne savent que devenir, ét l'on évitera des perils devenus trop frequens. Òn doit se rappeler, en fremissant, le petit Abbé, maître-de-musique, qui se fit sauter la cervelle, au Palais-royal, après un bon dîner.

———

11.me ét 12.me SUNAMITES:

AMARANTE, ét VIOLETTE.

»—Nous ne fommes pas nées chés Maman-Janus, ét nous ne fommes pas fœurs, Violette ét moi (dit la blonde Amarante) : mais je me rappelle que nous étions deux Voisines, dans notre enfance, ét que nous étions bien-mises. Je crois me fouvenir, que mes Parens étaient Orfèvre, ou Orloger, ét ceux de ma Compagne, Notaire : Car il y avait des armes-du-Roi, ou panonceaux dorés à leur balcon;... à-moins que ce ne fût au nôtre : Tout-cela eft fort confus dans ma mémoire, ét ma Compagne, un-peu plûs jeune, ne fe fouvient de rien du-tout.

» Nous avions environ trois ans quand une Femme , que nous avions coutume de voir vendre des balets de-plumes, nous trouva devant notre porte, bien-parées : Elle nous donna des bonbons, nous fit paſſer par une alée qui ſortait dans une autre rue, ét nous emmena (diſait-elle), aux *Tuileries* : Elle nous fit monter dans un fiacre, ce qui nous plut beaucoup, ét nous roulames. Je me rappelle que l'alée où nous deſcendimes était fort-laide, ét fort-obſcure : On nous porta au cinquième, on nous regala, on nous coucha, ét le lendemain, on nous emmaillota, on nous garda quelque-temps ainſi, ét on nous porta chés Maman-Janus, à laquelle on nous laiſſa.

» Nous lui avons demandé depuis, ſi on lui avait donné quelques renſeignemens à notre ſujet ? Non : loin de-là ! On lui deguiſa notre age d'un an ; on nous livra nues, c'eſt-à-dire, avec une mauvaiſe chemiſe, ét une mauvaiſe portion de couverture ; on nous dit filles

C vj

de pauvres Gens. Maman-Janus nous queſtionna : mais elle ne put rien tirer de nos réponſes obſcures : Nous confondions ce qui ſ'était paſſé depuis notre enlèvement, avec ce qui nous était arrivé chés la vilaine Femme.

» Maman-Janus nous trouvant paſſables, pour la figure, nous éleva comme nos Compagnes, ét nous lui devons tout».

Voila ce que nous apprit Amarante, pour elle, ét pour ſa Compagne ; en y ajoutant ſeulement, que le vieux Marechal - de - France qu'elles conſervaient, les aimait beaucoup, ét qu'il avait promis de les établir. Mais ñous leur fimes donner tous les renſeignemens topographiques poſſibles, ét d'après ce qu'elles nous dirent, les jours ſuivans, nous avons fait des recherches. Nous avons trouvé une alée qui aboutiſſait dans une petite place : des Orfèvres, un Notaire. Nous nous ſommes enquis, ét nous avons

decouvert, qu'on avait perdu , dans deux
maisons voisines, douze ans auparavant,
une Fille d'Orfèvre , blonde , de trois
ans , ét une Fille de Notaire , brune ,
d'une charmante figure , de deux ans-ét-
demi : Que ce jour-là , ces deux Enfans
effayaient des bijous de grande valeur,
avec lesquels toutes-deux étaient difpa-
rues : Qu'elles étaient reconnaiffables à
une marque, ou agrèment, la Blonde à
côté de l'œil gauche; la Brune, aucoin de
la joue droite ; ét qu'elles fe nommaient,
la première, Sofie, la feconde Eleonore. Nous revinmes voir les deux
Jeunes-filles, que nous fommes fur-le-
point de faire reconnaître : Si nous y
parvenons, ét que nous puiffions les rendre à leur Parens, nous ne ferons pas tout-
à-fait inutiles au monde, ét c'eft notre
unique fujet de gloire.

13.me 14me S U N A M I T E S :

PIRAMIDALE, ét PENSÉE.

Aussitôt après le recit des deux Sunamites precedentes, deux Autres s'avancèrent, ét Piramidale la Brune prit la parole.

»—Pour nous, Monsieur, nous sommes cousines, ét nos Parens sont bienconnus : Si nous avons une existance, nous la devons à Maman-Janus. Ma Mère est femme d'un Decroteur à l'Ile-Saintlouis, ét celle de Pensée est Chiffonière : C'est ma Tante, dont le Mari est roux : mais sa Fille est une jolie blonde, comme vous voyez.

» Ma Mère me portait auprès de mon Père, ét me laissait sur le rebord du trotoir. Ma Tante mettait ma Cousine auprès de moi, ét nous restions-là toutes-deux, commençant à nous traîner. Un-jour, il paffa fur le pont une Dame en voiture, qui dit à Une-autre: — Regardez donc ces deux Enfans! Cette Femme-là, noire ét laide, les a volées; il n'eft pas poffible qu'elles foient à elle-! Ma Mère les entendit, ét elle leur dit des injures. Peu de jours après, les deux Dames repaffèrent encore; ma Mère était abfente: elles envoyèrent mon Père en commiffion, en le payant d'avance, ét dès qu'il fut parti, elles nous prirent, ét nous emportèrent, en nous donnant des bonbons.

» Je ne fais où l'on nous mena. Mais, le foir, on vint prendre mon Père ét ma Mère, mon Oncle ét ma Tante, ét on les conduifit au Châtelet. Ils furent interrogés le lendemain, à notre fujet. Ils offrirent toutes les preuves poffibles, que nous étions leurs enfans. On les fit fortir, en leur offrant tel dedomagement qu'ils voudraient, ét deux

Dames se trouvèrent là, qui proposèrent de se charger des deux Petites. Mais ma Mère ét ma Tante se mirent en colère, ét jurèrent, qu'elles ne nous cèderaient pas. Tout ce qu'on put leur dire, ne servit de rien. Il falut nous rendre.

» Dans ce même temps-là, ma Mère ét ma Tante entendirent parler de Maman-Janus, par la Femme-depouilleuse-d'Enfans, qui avait volé mes deux Camarades Amarante ét Violette : Et ma Mère dit à ma Tante: ―On nous prendra toujours nos Petites ; donnons-les à la bonne mad. Janus-. Ce qui fut executé. On nous apporta ici ; Maman-Janus nous accepta, donna six louis à nos Mères, ét nous a élevées comme si nous eussions été ses filles-.

Nous fimes des questions aux deux Jeunesfilles , sur la Femme, amie de leurs Mères , qui avait enlevé Amarante ét Violette? Mais elles ne purent

nous en rien dire. Pensée nous parla
seulement du vieux Medecin, qui fesait une pension à leurs Parens, ét
qui devait les établir toutes-deux, en
ceffant de les employer.

C'eft par les Parens de ces deux Sunamites que nous avons decouvert la
Voleuse. Elle demeurait rue *Tirbou-
din*: elle était à l'extremité, quand nous
l'avons trouvée : elle fesait le prêt-fur-
gages, depuis fon vol. Nous avons pris
fur nous de la denoncer, ét à fa mort, on
a mis le fcellé fur fes effets, pour affurer la reftitution du prix des bijous.
Nos vues font remplies: On a trouvé
des preuves du vol des deux Enfans, par
certains effets: ét après avoir tout recou-
vré, les Parens d'Amarante ét de Violette ont fait un present à Ceux de Piramidale ét Penfée.

15.me 16.me S U N A M I T E S :

BASILIQUE, ét BALSAMIE:

LILETTE, ét TUBEREUSE, suppleantes à ROSALIE ét FANCHETTE, retirées.

Nous vimes, avec surprise, s'avancer quatre Sunamites à-la-fois : C'étaient celles qui partaient les dernières.

» —Nous avons toutes - quatre la même histoire (nous dit Basilique la Blonde ; l'autre Blonde était Lilette). Nous sommes d'une Ville de Province, ét nées de la plûs singulière Avanture ! .Nos Mères ont été obligées de venir ici, Maman-Janus les a cachées ét secourues ; elle nous a gardées, ét nous lui appartenons. Aussi lui sommes-nous soumises, car nous n'avons qu'elle au monde... Mais revenons à notre origine.

» Il y avait dans notre Ville de Province, un Libertin celèbre , appelé M. *Priape* C'était un bel-homme , fort-riche , qui avait des goûts singuliers , ét des fantaisies plus singulières encore. Ce M. Priape s'avisa , au Carnaval , de donner un bal , où toute la Ville devait ètre admise , Nobles , Robins , Bourgeois , Artistes , Artisans , Vigne-rons , Manœuvres : Il annonça, que c'é-taient , non des Saturnales, mais une fête *d'égale Humanité ;* ce fut son mot. Il s'informa de toutes les jolies Filles pau-vres , ét il leur fit faire à chacune , pour son bal , un habit complet, depuis la chemise jusqu'aux chauffures ; le tout fort-propre , ét fait avec goût. Au jour indiqué , toute la Ville se rendit au bal des *Egaux :* On y servit une co-lation : Les Nobles, un-peu dedaigneux, paraissaient hesiter de se mettre à table: Priape les râilla , ét les fit rougir. Il se mit lui-même à une table de Vigne-rons ét d'Artisans , avec fa Sœur ét fa Mère. Ces deux Dames étaient les plûs impertinentes Femmes du monde ; mais voyant Priape affis , elles reftèrent avec lui, pour qu'il f'avilit moins. Les Bourgeoises , d'un autre côté , dedaignaient encore plûs les Vignerones ét les Artisanes. Priape obfervait tout cela.

Après la collation , l'on fe mafqua : Priape avait choisi douze jeunes Ruftres très-bien-faits , dont lui feul connaiffait le deguisement , ét il leur avait promis de leur livrer les Douze plûs belles Dedaigneuses , fa Sœur en-tête , à condition , qu'ils les traiteraient en Nouvelles-mariées. Les Ruftres , en-confequence , devaient fe menager au fouper , qui partageait le bal en deux , vers minuit. On danfa... Les Douze Dedaigneuses avaient un petit bout de ruban-rose à leur habit.

» A minuit donc , après une danfe

animée, où les Hommes bien-nés s'étaient fait connaître, par le parler guiorant du bal, on semit gaîment à table, sans penser à la derogeance. Pendant le souper, Priape fit une fausse confidence du deguisement des Femmes, à Douze, tant Bourgeois que Robins ét Gentilshommes, tous jeunes ét petulans. Il fit metre l'habit designé à Douze Servantes choisies, ausquelles ils recommanda d'imiter leurs Maîtresses, ét de se laisser faire. Il payait leur complaisance. Une autre confidence était également faite aux douze Dedaigneuses, sur l'habit des Douze plûs beaux Jeunesgens comme-il-faut ; ét sur le silence obstiné qu'ils devaient garder. Chacun de ces Jeunesgens était l'amant aimé de chacune des Belles.

» Tout cela disposé, le bal recommença. Les rafraichissemens étaient agreablement mixtionnés; on avait beau-

beaucoup bu, ét mangé fort ; la joie ét la volupté circulaient dans les veines : Les Servantes étaient choisies bienfaites ; les Demoiselles avaient un habit moins élegant.... Tout reüffit au malin Priape : Les douze Belles furent égarées dans des chambres, au-fait desquelles on avait mis les Ruftres ét les Servantes ; les Belles - demoiselles furent traitées étonnemment, ét on leur enleva un bijou à Chacune : les Servantes furent furprenantes, par leur fraîcheur, ét pareillement elles enlevèrent chacune un bijou aux Galans. Tout le monde fut comblé.

» Le bal finit au jour, ét les Acteurs fe retirérent, pour aler dormir.

Le lendemain-foir, Priape reüniffait encore tout fon monde, non pour danfer, on f'en était donné pour deux jours, mais pour fouper. C'était le mardi-foir. Ici, les rangs ne furent plus confondus ; les Demoiselles f'affirent avec les Nobles, les Robines avec avec les Robins, les Bourgeoises avec les Bourgeois, &c. Enfin les Servantes étaient derrière leurs Maîtreſſes, pour les ſervir, comme les Laquais ſervaient leurs Maîtres. C'était ici la ſoirée des confidences. Chaque Fat favoriſé la veille par une Laveuse-de-vaiſſelle, était *turgi* de bonheur ét de gloire : Chaque Belle, qui croyait avoir été vigoureuſement aimée, fesait la petite minauderie, de la manière le plûs piquante. Aprés le ſouper, on causa, chaque Amant avec ſa Belle, qu'il remercia de ſon bonheur. La Belle, en rougiſſant, pria ſon Amant, d'être diſcret, ſur le gaje qu'il lui avait enlevé. L'Amant n'entendait pas. On ſ'expliqua. Il demanda celui qu'on lui avait pris, ét qu'on lui nia. Grand étonnement ! Priape guettait. Il eut l'art de ſeparer les douze Belles de leurs Galans ; il ordonna enſuite aux douze Ruſtres de paſſer devant les Belles, le gage visible ; tandis que d'un autre côté , les douze Servantes paſſèrent également devant les Petitsmaîtres , en montrant les gajes attrappés. Ce fut un grand étonnement, pour les douze Paires d'Amans ! Les Demoiselles ne ſonnèrent mot. Mais les Jeunesgens parlèrent. On ne put neanmoins demêler le fond de cette avanture.

» Quatre Demoiselles, des Douze, devinrent enceintes, ou dumoins furent les ſeules qui le parurent. Perſuadées, par les entretiens qu'elles avaient eu , avec leurs Amans, que ce n'était pas eux qu'elles avaient favorisés, elles vinrent Paris , cacher leur faibleſle amoureuse. Ce ſont nos Mères. Quant aux Servantes, elles accouchèrent preſque toutes dans la Ville , en nommant le Père de leur Enfant , ét declarant la manière dont il avait été conçu. Elles étaient payées par Priape.

» Ce fut alors que les Jeunesgens des deux-ſexes, conçurent comment ils avaient été joués par cet Homme. Un d'eux le guetta, ét un beau soir, lui donna son passeport pour l'autre monde.... Mais admirez la malice de Priape ! Il avait prevu le coup ! Dans son testament, il fesait des legs aux douze Servantes, ét aux douze Demoiselles ; il motivait ces legs du tour qu'il leur avait joué ; nommant aussi les douzes Rustres, qui avaient obtenu les faveurs des douze Belles, ét laissant à chacun d'eux une vigne avec une pièce de terre !

Ce testament fit le plûs grand bruit ! La Sœur du Testateur, qui seule pouvait le faire - casser (c'est ma Mère), en demanda l'execution, ét se contenta de ce qui lui restait, tous les dons prelevés.

„ Voila l'histoire de notre naissance à Toutes - quatre : Vous connaissez ma Mère, qui m'a promis que j'aurais ma part dans la fortune de mon Oncle :

II Partie. D

Balsamie eſt fille d'une Demoiselle de grande condition ! qui ſ'eſt mariée, malgré ſon accident, à Celui qui la devait épouser ; elle a laiſſé ſon legs à ſa Fille: Lilette eſt petitefille d'un Preſident, par ſa Mère, ét Tubereuse, d'une riche Heritière Bourgeoiſe, qui ſ'eſt également mariée. Les huit autres Belles ont caché leur état, ou n'ont reçu qu'un coup-d'épée dans l'eau. Quant aux Enfans des Servantes, chacune de Celles-ci ſ'eſt mariée à Un des Douze Ruſtres, qui tous, excepté Un-ſeul, père de Balsamie, ont adopté l'Enfant. On les dit tous jolis Garſons ét Filles. Adieu ».

Basilique, en achevant, partit avec ſes quatre Compagnes, pour aler, les deux Premières, chés leur riche Agioteur, les deux Autres, chés leur vieux Tontiniſte : Ces deux Vieillards doivent (dit-on) aſſurer un ſort convenable à leurs aimables Prolongiſtes.

II.de QUATORZAINE.

Des SUNAMITES en exercice.

Nous fumes quelques jours à rediger les histoires des Quatorze premières Sunamites. Cependant nous retournames chés Mad. Janus, avant que le tour des Quatorze suivantes fût arrivé. Mais nous ne les trouvames pas. —C'est qu'elles prennent leur leçon de Berçage (nous dit Mad. Janus). —Qu'est-ce que cela, Madame? —Hâ-hâ! vous ne savez pas tout! J'ai differentes Pratiques, pour l'agrement ét la conservation de la vie. J'ai des *Sunamites*, comme Femme-medecin-prolongiste: J'ai des *Berceuses*, pour d'autres Hommes, qui veulent jouir, ét ne s'embarrassent pas tant de prolonger la vegetation animale : J'ai des *Chanteuses*, qui vont chatouiller l'oreille des Voluptueux, passionnés pour la musique :

J'ai des *Converseuses* , pour Ceux qui
aiment la conversation , ét je forme mes
Elèves à ces différens talens , d'après
leurs dispositions.   Celles qui vous ra-
content les hisloires , font des Elèves
pour la conversation :   Celles qui ont
de la voix , feront chanteuses :   Celles
qui ont le talent du tact au degré le plûs
parfait, feront Berceuses : Toutes apren-
nent la *danse* en perfection ; ét Toutes
commencent par être Sunamites-.

Nous fumes émerveillés de tout ce
que nous disait la bonne Dame-Janus,
ét nous fentimes que tout-cela pourrait
être legitimé par l'intention ét par l'usage... En ce moment, les quatorze Elèves
dont nous devions entendre l'hisloire, arrivèrent auprès de nous , ét Mad. Janus
nous les nomma, dans le même ordre que
les Precedentes : C'étaient *Capucine* et
Santorée ; *Lavande* ét *Julienne* ; *Muguette* ét *Jacinte* ; *Narcisse* ét *Blanchette*, ou *Roseblanche* ; *Belledejour*

*Belledenuit ; Printanière ét Autom-
nette ; Soucie ét Liserone.*

Arrêtons-nous un-moment! Nous
parcourons une carrière penible!... Cent-
fois la plume nous eſt tombée des mains...
Mais la pureté de nos motifs nous a ſou-
tenus........... Non! Moraliſtes ſevères,
renfermés dans des Sociétés épurées,
vous ne connaiſſez, ni le vice, ni les ra-
finemens de la volupté! Vous voyez le
vil interêt, l'égoïſme impudent, l'amour
perſonel mal-entendu, ces poisons capables de tout corrompre, ét vous n'imaginez pas ce qui rend durs les Riches, les
Grands, les Heureux, ét nous alons
vous en devoiler la cause ſecrette : Ce
ſont d'exquises, de coûteuses voluptés,
qu'on leur tient à ſi haut prix, qu'ils ſe
trouvent toujours pauvres, au ſein de
l'opulence. .... Inſtruisez-vous, Admini-
ſtrateurs, ét remediez, ſ'il eſt poſſible!

D iij

17.me ét 18.me SUNAMITES:

CAPUCINE, ét SANTORÉE.

La Blonde Capucine prit la parole ; ét à cette occasion, nous remarquames, que les Blondes, quoiqu'avec moins d'esprit, en-general, que les Brunes, font ordinairement meilleures Oratrices : Les Brunes parlent trop vîte, mais elles écrivent mieux. On fent qu'à tout-cela, il eft de frequentes exceptions.

»—Monfieur (nous dit Capucine), puifque Maman permet que je vous faffe notre hiftoire, à ma Concheuse ét à moi, je le veux bien. Sans-doute, qu'en nous trouvant ici, vous deviez vous attendre, que nous ne fommes pas des Filles ordinaires, nées tout-bonnement dans le mariage, de Parens aisés, dont l'union eft fanctionnée par toutes les lois ?

„ Je suis fille de la Fille d'un Laye-
tier, ét Santorée est ma Sœur ét ma
Tante. Ma Mère était passablement jolie : mais une chose en quoi nous tenons d'elle , ma Sœur-tante ét moi ,
c'est qu'elle avait la marche la plûs agreable, ét la plûs jolie jambe de l'Europe.
Ce fut cette perfeêtion , qui porta jusqu'à la frenesie, pour elle, la passion d'un
Homme - marié , âgé de quarante ans,
fort, ét si vigoureux avec les Femmes,
qu'il était redouté de toutes Celles qui
le connaissaient. Ma Mère, ni ma Grand'-
mère ne pouvaient savoir cela; elles ne
le connaissaient pas.

„ L'Homme amant de ma Mère , ne
l'eut pas plutôt remarquée, qu'il la guetta
tous les jours, pour la voir passer. Quand
elle marchait dans la rue, il la suivait,
ravi d'admiration. Il excitait tellement
sa passion amoureuse par-là , qu'il n'en
fut plus le maître. Un-jour-de-fête,

il f'aperçut que ma Grand'mère, ét mor
Grandpère, homme fevère (dit-on), é
fort âgé, n'étaient pas à la maison. I
obferva que tout le Voisinage alait à
la promenade, à-cause du beau-temps
Il reflechiffait, comment il profiterai
des circonftances, pour f'introduire
dans la maison, ét en connaître les *agéts*
lorfqu'il decouvrit de-loin ma Mère
qui revenait feule. Après f'être affu-
ré, qu'elle n'était pas accompagnée, i
fe precipita dans l'efcalier, quí étai
obfcur, monta un-peu plûs haut que
le premier, ét attendit laB elle. Tandis qu'elle ouvrait, il defcendit doucement, entra comme elle, la faisit au
premier cri, lui couvrit la bouche d'un
mouchoir, referma la porte, ét menaça de la tuer, fi elle jetait un cri. M
Mère effrayée, f'évanouit. L'Homm
en profita, pour contenter fa paffion
Après quoi, ayant des craintes, il lui

lia les mains ét les jambes, puis il defcendit, ét f'enfuit dans une maison voisine, d'où il regarda par une fenêtre-
d'efcalier.   n e v it pas que fa Victime
f'agitât ; mais aubout d'une demi-heure,
fon Père ét fa Mère parurent, -avec
la Sœur-aînée, mariée depuis longtemps ! Ils rentrèrent. L'Homme examinait, fans être vu, fe cachant dans
un cabinet-d'efcalier, dès qu'il entendait Quelqu'un monter ou defcendre.
Il ne tarda pas à remarquer le trouble
de la maison.   Le foir venu, il vit encore plûs à fon aise, aux lumières. Ma
Mère pleurait.   On la deshabilla, ét
on la mit au lit.   L'Homme f'en-ala.

» Comme il avait été vu de ma Mère,
il n'osa plus reparaître dans le quar-
tier.   Il tremblait même dans les rues,
ét dans les jardins-publics.   Il changea
tout fon habillement, prit perruque, ét
ala jufqu'à fe deguiser en Femme, pour
voir paffer ma Mère.   D v

» Elle cessa de paraître aubout d'un temps. L'Homme employa tous les moyens, pour savoir ce qu'elle était devenue : Il se mit en Marchande-d'huitres, ét monta pour en offrir. A la porte, avant de frapper, il entendit ma Grand'-mère qui grondait, en disant : —Vous voila grosse! Pardi ! on repousse bien un Homme, quand on le veut! mais votre grossesse prouve, qu'il ne vous était pas inconnu-! Ma Mère pleurait. La Marchande-d'huitres ne se montra pas : Elle en savait assés. Mais elle était furieuse contre ma Grand'mère, ét elle se promit de la punir, en la traitant comme sa Fille.

» L'occasion s'en presenta bientôt. Mon Grandpère mena ma Mère prendre l'air à la campagne, de grand matin, pour toute la journée. L'Homme observa que la Sœur aînée accompagnait son Père ét sa Sœur, ét que la Mère restait ſeule à la maison. Il la guetta, ét vers les deux heures, au moment où elle était dans ſa cuiſine ſur le derrière ; il vint en Femme lui offrir du thin, du laurier, du baſiliq ét de l'ail. Ma Grand'mère en acheta. Au moment où elle payait, la prétendue Femme ſe jeta ſur elle, ét l'effraya tellement, que ma pauvre Ayeule perdit connaiſſance. L'Homme... Vous entendez ?.................. Euſnite ; il ....,. la lia, comme l'avait été ſa Fille, ét ſ'en ala..... Il en fut quitte pour ne plus ſe mettre en femme. Ma Grand'mère, qui ne feſait plus d'Enfans depuis dix-huit années, devint groſſe, ét accoucha d'une Fille, qui eſt Santorée.

» On me nomma Baſilique, à ma naiſſance, parceque ma Mère diſait de mon Père, que c'était un Baſiliq ; ét ma Sœur tante, Santorée, à-cauſe que ma Grand'mère en prenait, quand l'Homme ſe jeta ſur elle.

Dvj

» Voila l'hiſtoire de notre naiſſance. Le Medecin de Maman-Janus était le nôtre ; il accoucha ma Mère , ét ſon Amie me garda: Il accoucha enſuite ma Grand'mère , qui n'avoüa pas ſa groſeſſe à ſon Mari, parcequ'il ne la voyait plus; elle eut Santorée , ét Maman-Janus la garda.

» Depuis ſon accident ma Grand'-mère fut bien plûs douce avec Maman , qu'elle a mariée : Auparavant , on la voulait mettre au Couvent ».

~ Voila tout.

—Toutes ces Hiſtoires ſont ſinguliéres , ét même groteſques! (dira-t-on). —Soit. Mais penſe-t-on que des Filles laiſſées à Mad. Janus , pour en faire des *apozèmes* ét des *reſtaurans* , puiſſent être des Filles legitimes ? Tout ſe correſpond ici, la Perſone ét l'hiſtoire,

19.ᵐᵉ ét 20.ᵐᵉ SUNAMITES:

LAVANDE, ét JULIENNE.

Ce fut ici la brune Lavande qui prit la parole.

»—Notre hiſtoire, à Julienne ét moi, ne reſſemble pas à celle qu'on vient de vous conter. Nous ſommes filles d'un Cocher, de ſa Maîtreſſe, ét de la Femme-de-chambre. Mais cela eſt tellement embrouillé, qu'on ne ſait laquelle de nous-deux eſt fille de la Maîtreſſe, ou de la Chambrière.

La Marquiſe de-L**, avant de ſe marier, avait pour Galant, le Secretaire de ſon Père ! Jamais ils n'avaient été au dernier point, mais ils avaient uſé de la petite-oie. La Femme-de-chambre, brune piquante comme ſa Maîtreſſe, ét du même âge, c'eſt-à-dire dixſept ans, était la confidente.

On demanda la Demoiselle en mariage:
c'était l'interêt qui determinait le Marquis ; c'était la gloire qui determinait
le Richard père de la Demoiselle, ét c'é-
tait l'autorité, qui determinait Celle-ci

» Dès que la Belle fut mariée, elle
resolut de favoriser son Galant. Un
jour, qu'il était en carroffe avec elle, l
Cocher les entendit, au moment où i
venait d'arriver, fe donner un rendevous.
Il fut dabord tenté d'en prevenir fon
Maître. Mais en voyant defcendre Madame, il la trouva fi jolie, fi volup-
tueuse, qu'il lui vint une autre idée
Il favait l'heure ét le lieu du rendevous
dans fon grenier à foin! il resolut de
fe parfumer, ét de remplacer le Galant

» A l'heure indiquée, on ne manqu
pas. Le Cocher avait eu foin que l
Secretaire ne pût entrer dans la maison
en l'effrayant. Une Femme f'approche
dans l'obfcurité, ét fait : —Chit! —St

(repond le Cocher, en faisiſſant la Belle, qu'il ne menagea pas). Elle ſe deroba neanmoins, après la chose faite, ét ſ'en-ala. C'était la Femme-de-chambre.

» —Hé-bien ? (lui dit la Maîtreſſe), y eſt-il ? —Hâ ! je le crois, Madame, qu'il y eſt ! j'en ai des preuves-!... Elle n'en dit pas davantage, ét elle condui-sit ſa Maîtreſſe. Le Cocher, qui ſ'é-tait auſſi aperçu, que c'était la Suivante, attendait la Dame. Au ſignal, il ſ'a-vança, lui prit ſa belle main, ét plein de courage, il lui prouva ſa paſſion... extrême... La petite Femme-de-cham-bre en était toute émerveillée !... En-fin, on termina, ét les deux Femmes, bien perſuadées qu'elles avaient favorisé le Secretaire, ſ'en retournèrent très-contentes.

Or, il arriva, que le ſoir-même, le Marquis, en rentrant, trouva le Galant de ſa Femme, qui rôdait pour ſ'introduire.

Sans le reconnaître, parcequ'il était en-
mitoufflé, il tomba fur lui l'épée à la
main, le prenant pour un Voleur. Le
Secretaire, plûs adroit à l'efcrime que
le Marquis, bleffa fon Adverfaire, ét
f'enfuit. Les Domeftiques accoururent
au bruit : Le Marquis, très-bleffé, dit
que c'était un Voleur, ét on le mit au
lit. Il ne vit fa Femme que le lendemain.

» La Marquise marqua une douleur
auffi vive, que fi elle avait été fidelle.
Son Mari, prefque-mourant, lui dit, que
l'Homme reffemblait au Secretaire. La
Marquise, elle, était convaincue, que
c'était fon Galant qui fe retirait, lorfqu'il avait été aperçu par fon Mari.
Mais elle garda un prudent filence. Elle
en fut bien plûs convaincue dans la journée, qu'ayant été chés fon Père, elle
vit le Secretaire legèrement bleffé. Elle
lui en parla, ét il avoua la rencontre.
Il ne fe dirent que deux mots. La

Marquise ignora, que fon Amant n'a-
vait pas été le favorisé. Ce ne fut qu'affés longtemps après, qu'ils f'expliquè-
rent. La Marquife confulta fa Femme-
de-chambre, qui, voyant que ce n'était
pas le Galant de fa Maîtreffe, ne lui
cacha plus fa deconfiture. Les deux
Femmes raisonnèrent à perte-de-vue.
Enfin, Terèfe la Femme-de-chambre,
dit à fa Maîtreffe : —Mais votre Cocher à l'air bien goguenard, depuis quelque temps ! Saurait-il quelque-choſe ?
Je verrai cela-.

» En-effet, elle lui en parla dans la
journée. Dès le premier mot, M. le
Cocher, glorieux de fa double avanture,
declara tout : Comment il avait été
tenté d'avertir M. le Marquis ; ét comment il avait fuccombé à la tentation
plûs forte de poffeder Madame.... La
Marquife, qui le vit poffeffeur de fon
fecret, prit le parti de la refignation.

» Mais elle devint enceinte : Terèfe

auſſi : L'Une était fille ; le Mari de l'Autre non-gueri, n'ayant pu, auparavant, de-florer ſa Femme, parcequ'il était bla-sé, enfin ne l'ayant pas *vue*, depuis ſon accident. Comment faire ? On conſulta le Medecin de Maman-Janus, qui pro-cura les moyens d'accoucher ſecrette-ment. La Maîtreſſe ét la Femme-de-chambre partirent le même jour, à la même heure ; on nous donna, ſans exa-men, aux deux Nourrices, ét nous ne ſavons pas de quelle Mère nous ſommes filles.... Mais nous avons Maman-Janus, qui nous protége toutes – deux également ».

Tel fut le recit de Lavande. Nous lui promimes de decouvrir ſa Mère, ſi on nous feſait connaître la Marquiſe ét ſa Femme-de-chambre. Mais la Petite, ni ſa Sœur, ne parurent pas ſ'en ſoucier : La crainte d'être fille de Terèſe, leur feſait preferer une incertitude, qui leur permettait à toutes-deux de ſe flater.

2I.me ét 22.me SUNAMITES :

MUGUETTE, ét *JACINTE*.

La Pemière était vive ét charmante ; mais la Seconde était touchante ét modeste. Elle ne voulait pas que sa blonde Compagne fît leur histoire. Mais Muguette lui observa , qu'il falait obeïr à Maman-Janus.

»—Si nous sommes plûs particulièrement liées l'Une à l'Autre, c'est par la seule raison, que nous avons le même Vieillard. Nous sommes deux Enfans, que Maman-Janus a obtenues par protection, tentée par notre bonne-santé. On lui remit en-même - temps deux billets , trouvés sur chacune de nous , ét quelques bagatelles , en verroteries , ét cuivre doré.

» Maman-Janus nous a élevées avec ses autres Protegées , jufqu'à l'âge de douze ans , fans parler de nous. Mais à notre douzième année, elle nous fit voir , ét en-même-temps , elle montra nos billets ét nos brinborions.

» Un-jour , qu'il y avait grand monde chés fon Medecin, Maman-Janus parla de Jacinte ét de moi : on desira de nous voir : Elle nous vint prendre , ét nous presenta aux Dames de la Compagnie. Puis elle fit lire nos billets. Une des Dames pâlit, ét parut toute- troublée. Maman-Janus le remarqua , mais fans faire femblant de rien. Elle fe promit d'employer des moyens adroits pour favoir la verité. Une autre Dame, au-contraire , après avoir lu mon billet, fut d'une gaîté extraordinaire ; elle m'embraffa , me careffa , me donna des bonbons , ét ne me quitta qu'avec peine.

» Les deux Dames n'étaient point connues perfonellement du Medecin, chés lequel elles avaient dîné ; c'étaient

deux Amies communes, qui avaient ame-
né chacune la fienne , fur la demande que
Celles-ci fesaient depuis longtemps de
connaître le Docteur. Elles ne font plus
revenues ; mais Maman-Janus f'eft in-
formée, ét elle a decouvert, que l'Une
eft fille d'un Homme fort riche , qui
avait deux enfans , un Garfon ét une
Fille : Que le Garfon était un hypo-
condriaque , fujet à des accès-de-fureur,
ét parconféquent inmariable : Que cependant, on l'avait marié à 17 ans ; mais
que la première nuit des noces , il man-
qua d'étrangler fa nouvelle Epouse, qui
fe fauva chés fon Beaupère , veuf alors.
Elle était fi effrayée , qu'elle fe jeta
toute-nue dans fes bras , ét voulut coucher dans fon lit. Il l'y reçut tremblante , ét... la chair parla... Je fuis le
fruit de cette Avanture , à ce que nous
presumons. Ma Mère n'avait que quinze
ans , quand elle me conçut.... Elle re-

tourna chés ses Parens, leur avoua tout, ét ils l'obligèrent à cacher sa grossesse : Elle accoucha secrettement, ét je fus mise aux Enfans-trouvés Le billet est de ma Mère. La raison de cette conduite, est qu'on voulait faire-casser le mariage.

» Mon Père n'avait plus que sa Fille ; on fut obligé d'enfermer son Fils. Il se remaria sur-le-champ, avec une petite Persone fort jolie, mais libertine effrenée, dont le Père voulaient se debarrasser. On maria la Fille de mon Père, avec le Père de sa Femme. Celle-ci, qui avait l'âme vicieuse, se trouvant à la campagne avec son Mari, son Père ét un Joli-homme, voulut avoir ce Dernier. Elle lui en parla. Il ne l'aimait pas ; ét il adorait aucontraire la Belle-fille-bellemère. Il lui repondit durement, Que si c'était la Fille de son Mari qui lui en dît autant, loin de se faire prier, il ferait au comble de la joie ét du bonheur : mais que pour elle, il la regardait comme une Meffaline. Ce propos mit la petite Femme en-fureur contre fa Bellefille-bellemère : Elle imagina un tour affreux.

» On était les uns fur les autres à une campagne, où les chambres fermaient affés mal. Le même foir, la Bellemère-bellefille eut foin de bien clorre les volets en-dehors, pour que le jour ne parût pas, ét les rideaux en - dedans. Elle avait mis du champagne dans les carafes, au lieu d'eau ; elle avait fait la Baccante, en excitant à boire, ét l'on avait bu copieusement. En fe couchant la dernière, elle avait ôté tous les pots-de-nuit, ét les avait portés fur une table. Elle fe tint enfuite éveillée. Le Premier qui fe leva, fut fon Mari. Ne trouvant pas le vase, il fortit pour l'aler prendre, ét fatiffaire au besoin preffant. Le bruit

qu'il fit, en se heurtant, éveilla tout le
monde, pressé du même besoin. On se
leva, les deux Maris, la Bellefille-bellemère, ét le Jeunehomme. Chacun apporta son vase : La Bellemère-bellefille, qui seule se possedait, se tint à la
porte de la chambre du Jeunehomme,
qui trouvant Quelqu'un, prit l'autre
porte, où il n'y avait persone. Il ala
se mettre dans le lit du Mari de la Mes-
saline. Celui-ci, revenu, ét sentant le
Jeunehomme, ala dans la chambre de ce
Dernier; ét comme la Mechante courut alors se mettre à la porte de son Père, la Bellefille-bellemère, entra auprès
du sien, deja rendormi.

» La Mechante eut alors la liberté
d'aler auprès de son propre Père. Elle
le fit, mais pour attendre son sommeil. qui ne tarda pas. Alors, elle le
quitta, pour se glisser auprès du Jeunehomme, qui dormait également. Ell

se fiait sur les troubles de la nuit pour s'excuser ; outre que c'était dans sa chambre, à elle, qu'était le Jeunehomme.

» Cependant le Père de la Bellefille-bellemère s'éveille , ét trouvant une Femme qu'il croyait la sienne, il en use. La Jeunedame tressaille pendant l'assaut, ét demi-assoupie, se livre d'autant plus vivement , qu'elle desirait d'avoir un Fils..... Laissons-les un instant dans la sécurité, pour retourner à la Mechante.

» Elle était auprès du Jeunehomme, embrâsé par un reste d'ivresse. Il est éveillé : Il se trouve auprès d'une Jeune-beauté. Il palpe. Charmes parfaits. A quelque-chose, il croit, par le tact, être auprès de la Bellefille-bellemère : Il se livre à sa passion. La Bellemère-bellefille, feint de s'éveiller, ét de ri-poster aux caresses de son Mari. La possession fut complette.

II Partie.   E

» En ce moment , le Père de la modeste Bellefille-bellemère parla ; sa Fille,
encore dans ses bras, reconnaît sa voix.
—Hâ ! mon Père ! c'est vous !. Je suis
perdue !..... —Ma Fille ! aulieu de ma
Femme-!..... Et il saute du lit, fait de la
lumière , ét ne se trouve pas dans sa
chambre , mais dans celle de sa Fille !...
—Silence ! chère Enfant ! Le mal est
fait ; mais il est secret.... Silence ! point
de scandale-! ... Il sort , sa lumière à la
main , entre doucement dans sa chambre ;
entend .... s'approche, tire les rideaux ,
ét voit son Epouse...... possedée par le
Jeunehomme !....

» Celui-ci n'avait pas d'excuse ; mais
la Femme en avait une.... On le ren-
voie dans sa chambre , où le Mari de la
Bellefille-bellemère était seul. On l'é-
veille ; ils changent de lit, ét la Mechante
feint de gemir.....

» Telle est l'origine de ma Compagne.

Elle eft fille de fon Ayeul ét de fa Mère
Pour la Mechante, elle a eu un Fils
qui eft gardé dans la maison de fon Père
putatif, parceque Celui-ci eft mort.
Quant à mon Amie, elle a été mise,
comme moi, aux Enfans-trouvés, du
confentement de fa Mère ét de fon Ayeul.
pour en être retirée, f'il n'y avait pas
d'autres Enfans. Il y en a, ét nous fe-
rions également abandonnées, fans
Maman-Janus- ».

Nous fûmes très-furpris de cette hiftoire : mais nous remarquames que la
modefte Jacinte reffemblait en tout à fa
Mère. Elle rougiffait, ét femblait avoir
honte d'elle-même.... Citoyens ! quand
une Femme eft mechante ét libertine, il
n'eft aucune atrocité qu'elle ne puiffe com-
mettre. Nous laiffons trop de licence à
nos Femmes, quand elles font jeunes ét
jolies ! Les Romans, le Theatre, les
Hommes, tous les corrompt !

25.me et 26.me SUNAMITES;

NARCISSE, et BLANCHETTE.

Les deux Jeunes filles qui s'approchèrent ensuite, étaient d'une éblouissante blancheur, ét sans coloris. La raison que nous en donna Mad. Janus, c'est qu'elles étaient plûs cheries de leur Vieillard que les deux autres Couples, ét qu'il les fatiguait davantage. Ce fut Narcisse qui prit la parole.

»—Nous devons plûs à Maman-Janus, que toutes nos Compagnes ensemble. Nous sommes les Filles d'un Homme rompu ét brûlé : Nous ne dirons pas, si c'est à Paris, ou en Province. Notre Mère était une jolie-femme, ét c'est d'elle que nous tenons.

» Avant que notre Père se rendît coupable du forfait qui l'a conduit au dernier supplice, nous vivions dans l'aisance

Nous étions parées, jolies, ét nos Compagnes enviaient notre fort. Mais dès qu'il fut accusé, nous nous trouvames plongées dans le mepris. Avant fa condamnation, Maman-Janus vint à notre fecours. Elle offrit à ma Mère de nous prendre, ainfi qu'une Sœur de trois ans, appelées Aubépine, qui n'eft pas encore Sunamite. Ma Mère nous donna tout ce qu'elle put nous donner.... Maman-Janus nous deroba la connaiffance de l'horreur du fort de nos Parens : Mais elle nous montra une petite Sœur, que ma Mère avait faite en prison, non de fon Mari, deja mort, mais d'Un-autre Homme, qui lui avait perfuadé qu'il falait devenir groffe, depeur que la precipitation des Juges ne la conduisît à la mort. Ma Mère f'était rendue à cette raison : Et fa maternité, neceffitée, fut fi peu une honte pour elle, qu'elle eut les plûs Honnêtes-gens pour

E iij

tenir fa Fille. Cependant on lui en a fait un crime. Mais le Ciel en eft donc complice ; car il a departi le plûs aimable caractère, ét tous les charmes à cette Enfant, qui n'eft pas encore nubile : elle ne doit être employée qu'avec Aubépine : Elle eft brune, ét fe nomme *Epinevinette.* Les voici...

» Lorfque nous avons été grandes-filles, Maman nous a données au bon Marechal de-***, qui veut bien nous fervir de Père. Il eft fi bon à notre égard, que, malgré fon grand âge, nous lui fommes tendrement attachées: nous ferons fes *Berceuses* un-jour. Il nous repète fans-ceffe, qu'il nous aime comme fes Filles. Il nous garde quatre jolis Amoureux (car il aura nos Sœurs après nous), ét il a eu la bonté de nous les montrer. Il veut qu'avant d'être amans, nous vivions enfemble comme frères ét fœusr. Nous n'avons rien de caché les

Uns pour les Autres, ét à chaque fois que nous nous voyons devant notre Protecteur, il nous permet de nous donner, en nous quittant, un joli baiser.... Voila toute notre hiftoire ».

La petite Epinevinette, ét fa Sœur Aubépine, promettaient une beauté complette, fuperieure à celle de leurs Aînées. Si les circonftances futures nous nous le permettent, nous donnerons un jour leur hiftoire. On vient d'entendre, qu'elles font deftinées à *conferver* le vieux Marechal, qui deja leur fait une penfion, dont Mad. Janus met le produit en valeur, fa part prelevée, comme il eft jufte.

27.me 28.me SUNAMITES:

BELLEDEJOUR,
ét BELLEDENUIT.

Deux jeunes Sunamites, de la beauté la plûs touchante, l'une blonde, l'autre brune, s'avancèrent modeftement, aprés que Narciffe eut ceffé de parler.

»—Nous avions douze à treize ans, (dit modeftement la jeune Belledejour), quand un grand malheur nous arriva.... Heureusement que nous avions entendu parler de Maman-Janus. Nous vinmes la trouver, ét nous nous jetames à fes genous. —Que me veulent ces charmantes Filles ? (nous dit-elle). —Hélas ! madame, nous fommes les Sœurs de l'Infortuné... qui.... Notre Père ét notre bonne Mère viennent d'expirer de douleur : Nous favons combien vous êtes bonne, ét nous fommes accourues nous refugier dans vos bras-. Maman-

Janus nous reçut avec une bonté celeste.

» Il y avait à la maison, un riche ét vieux Medecin, qui eſt l'inventeur du *Sunamiſme*. Nous avions parlé ſi haut, qu'il nous avait entendues, ce qui fut peutêtre cause qu'il tenta l'eſſai. Il nous demanda bruſquement, ſi nous étions nubiles? Cette queſtion, que nous n'entendions pas, nous fut expliquée par Maman-Janus. Il nous proposa de coucher auprès de lui, le ſoir même? Nous rougimes. —Eſt-ce que vous entendez malice à ma proposition ? (nous dit-il bruſquement). —Mais, coucher avec vous ! (lui dis-je). —Expliquez leur cela, Bonne-Janus-! (reprit-il).

» Alors Maman nous detailla les vues du vieux Medecin, qui mettaient notre vertu en toute ſûreté ; elle nous expliqua ce que nous gâgnerions : Ce qui nous aſſurait un fort pour l'avenir. Sans comprendre bien-parfaitement tout cela , nous fentimes que les Sœurs d'un Supplicié , n'étaient pas dans le cas de faire les difficiles. Nous nous foumimes à tout ce que Maman-Janus nous expofa ; lui affurant que fes ordres, étaient la meilleure des raisons. Elle nous embraffa, en nous disant, que nos interêts lui feraient toujours chers.

» Nous fommes les premières Sunamites employées , ét nous touchons à notre terme. Outre les dons du Medecin *Hermippas* , Maman - Janus nous dote auffi :　Nous ferons *Converfeuses.*
——C'eft que je parle auffi bien que ma Sœur (dit Belledenuit) : Helas ! après le trifte fort ... de notre Frère, que ferions-nous devenues, fans l'invention du Medecin, ét la bonté de Maman-Janus !

29.me ét 30.me SUNAMITES:

PRINTANIÈRE,
ét AUTOMNETTE.

La blonde Printanière accourut, tenant fa brune Compagne par la main.

»—Nous avions un fingulier fort !
(nous dit-elle). Figurezvous, que nous
fommes cousines-germaines, Automnette ét moi. Je fuis riche ; elle eft
pauvre, parceque fon Père ét fa Mère
n'ont pas de capacité. Nous avons un
Oncle ét une Tante riches, qui ne font
pas mariés, ét qui vivent enfemble.
Cette Tante eft jeune, jolie ét coquette.
Elle eut l'air de vouloir proteger Automnette. Mais égoïfte, née pour elle-
feule, bientôt elle f'en degoûta, ét après
l'avoir placée chés une Marchande-de-
modes, elle la laiffa dans la plûs pro-
fonde misère. Ce fut alors que ma
E vj

pauvre petite Cousine eut recours à ma Mère.

» Je puisdire que ma Mère est bonne: Elle aurait fait tout ce qu'elle aurait pu, en faveur de ma Cousine, dont le sort me toucha si sensiblement, que je la voulus avoir pour sœur. Mais mon Papa haïssait fort Celui d'Automnette, qui n'était que son Beaufrère. Cette raison fit, qu'il fut question, de renvoyer, absolument, ma Cousine, ét de l'abandonner à son triste sort. Elle fut avertie de chercher. Mais dequoi était-elle capable, à douze ans?

» J'avais le même âge. Nous nous consultions tous les jours ensemble. Un matin, que nous causions, voila que ma Tante la Coquette arrive : Elle me fit mille caresses, ét ne dit pas un mot à ma Cousine. Je lui en fis des plaintes. —Bon! me dit-elle, qu'elle se remue! Elle est jolie; elle peut trouver; quand on n'a rien, il ne faut pas être delicate. Un Auteur de mes amis m'a menée dîner chés un Medecin, dont la Gouvernante à besoin de Jeunesfilles, pour la medecine; qu'elle y aille- : Et elle me donna l'adreſſe : Car elle ne daigna pas dire un mot à la pauvre Automnette. ——Pour cela! (dis-je en moi-même), c'eſt bien dur !.... Je veux te jouer un tour, qui te faſſe deteſter de mes Parens-!... Hélas ! je ne ſavais pas le mal que j'alais causer !

» Après le depart de ma Tante la Coquette, je dis à ma Cousine : ——Tu n'as, en-effet, d'autre parti à prendre que celui-là : mais pour te montrer que je ne ſuis pas dure pour toi, comme ma Tante, mon Oncle, ét mon Papa lui-même, je veux t'accompagner, me rendre comme toi, ét avoir le même fort. L'amitié ſera mon excuse-.

» Automnette m'embraſſa, tranſpor-

tée de reconnaiſſance. Nous nous pré-
parames. J'écrivis une Lettre à mon
Pène ét à ma Mère, pour les tranqui-
liser, ét je la donnai à la Cuiſinière de
notre maison. Tout étant prêt, nous
partimes, ét nous arrivames un quart-
d'heure après chés Maman-Janus, tout-
juſte au moment, où elle était tourmen-
tée par les Parens d'un vieux Tontiniſte.
Elle n'avait Perſone : Nous étions à
notre ſeconde marque de puberté : Elle
n'eut que le temps de nous faire mettre
au bain, d'examiner l'état de notre ſanté,
de nous faire voir à ſon vieux Medecin,
ét de nous conduire chés le Vieillard....
Nous lui avions dit, que nous étions
deux Orfelines.

» Cependant notre Cuiſinière avait
égaré ma Lettre. Lorſqu'on ne me vit pas
le ſoir, on fut dans la plûs cruelle in-
quiétude ! On ne ſut ce que j'étais devenue. Mes Parens ſentirent, par la pri-

vation , combien ils m'aimaient ! Ils crurent qu'Automnette m'avait perdue , ét mon Père , furieux , ala maltraiter le fien. Ils fe batirent , ét ils font morts de leurs bleſſures....

» Ma Mère était doublement au-des-eſpoir , lorſque la Cuiſinière retrouva ma Lettre, ét la lui remit. Ma Mère y vit, que ma Jeune-Tante avait indiqué un endroit pour Automnette ; elle crut que nous étions toutes - deux dans un mauvais-lieu ; elle expira , en maudiſſant fa Sœur-cadette...

» On fut alors où nous étions : Mon Oncle le riche , ét la Mère d'Autom-nette , vinrert nous voir , ainſi que ma Jeune-Tante : Maman-Janus leur ex-pliqua ce que nous fesions , ét on me laiſſa , parceque je declarai , que je ne quitterais pas ma Couſine , que j'aime de plûs-en-plûs , à-cause de ſon excel-lent caractère. Je lui ai promis , de partager avec elle ma fortune, dès que j'aurais l'âge. J'ai voulu que ce fût sa Mère qui fût ma tutrice, ét mon Oncle n'eft que mon curateur. Nous vivons dans la bonne-amitié, fâchées feulement du malheur que nous avons caufé à nos Parens. Le Tontinifte nous aime beaucoup, ét nous fait fouvent despresens, que nous remettons à Maman-Janus, ét elle les place fur la tête de ma Coufine Automnette ».

Cette Hiftoriette prouve qu'avec un très-bon cœur, ét peu d'efprit, on peut faire de très-mauvaiseschoses! . Parens, ne foyez pas inhumains! vos Enfans font expofés au même fort.

29.me ét 30.me SUNAMITES:

SOUCIE, ét LISERONE.

Les deux Dernières de cette foirée f'approchèrent alors, ét ce fut la blonde Soucie qui parla.

» Nous fommes les deux Sœurs. Il y avait, dans une paroiffe de Paris, un Prêtre, appelé *Beaucousin*, qui poffédait la confiance de toute une Maisonée devote de Marchandes-de-dentelles ét de-mouffelines. On comptait trois Filles dans cette maison. L'Aînée, groffe brune, fut feule mariée. Elle refta veuve avec trois Enfans. —C'eft pour chacune Un (lui dirent fes deux Sœurs); car nous ne nous marierons pas-.

» La Seconde était brune, laide ét boffue; la Troisième était très-blonde, avec des ieux de Lapin, ét la vue fi baffe, qu'elle ne voyait qu'à deux pas

devant elle : c'etait la Boſſue qui la me-
nait à l'ęgiſe.

» Elles avaient toutes-deux pour Con-
feſſeur le Beaucousin, bel homme, d'une
ſanté robuſte, ét très-porté pour les
Femmes. Cet Homme avait une grande
paſſion pour deux choses, une belle
gorge, ét une jolie chauſſure. Les deux
Sœurs avaient la première ; elles étaient
iɩfiniment ſoigneuses de la ſeconde. Les
deſirs furent excités. La Boſſue devint
éperdûment amoureuse : mais Beaucousin aurait preferé la Cadette. Il ſ'a-
perçut, que pour avoir libre entrée dans
la maison, il falait cajoler la Boſſue. Il
le fit ; il devint un Dieu pour elle ; il
en fesait ce qu'il voulait. Il la poſſeda...

» Un-jour, il dit à la Blonde, dont
la peau delicate l'affriandait : —Je fais
amitié à votre Sœur ; mais c'eſt vous que
j'aime : accordez-moi quelque retour,
ét nous ferons heureux-? La Jeune-

perfone y reflechit, ét finit par con-
fentir : Elle ne fut pas, comme fa Sœur,
complaisante à la maison ; elle fe gliſſait
chés le Beaucousin.

» Les deux Sœurs devinrent enceintes.
Elles fe cachaient l'Une de l'Autre avec
la plùs fcrupuleuse attention. Elles fe
choisirent une Sagefemme, rue *du-
Plâtre*, avec la condition d'avoir une
chambre feule.

» Chacune temoigna en particulier à
la Sœur-veuve, le desir d'aler paſſer
trois mois chés une Tante, ét toutes-
deux l'obtinrent, fans que la Sœur en
parlât à l'Autre. Au moment du depart,
les deux Cadettes furent très-furprises
d'avoir eu la même penfée. La Tante
de province fut également furprise d'a-
voir reçu la même prière, de renvoyer
à Paris, les Lettres à fon adreſſe fous
envelope, ét elle en avertit la Sœur-
aînée, qui, prudemment, fe tut.

» La Sagefemme fut plûs difcrette que la Provinciale. Elle reçut les deux Sœurs feparement, ét charmée de cette pratique, qui lui parut bonne, elle eut foin qu'elles ne fe vîffent jamais.

» Elles accouchèrent, la Blonde de moi; la Brune de ma Sœur-coufine. Nous tenons de notre Père, pour la tâille, ét la force, ét de nos Mères, pour la couleur de la chevelure.

» Après le retabliffement, les deux Sœurs parurent arriver de Province. L'Une dit, qu'elle avait été chés une autre Parente, qui avait renvoyé à la Tante fes Lettres, reçues dans fa Ville fous envelope; ét la Boffue continua d'avouer la Tante.

» Nous avions été mifes en nourrice, bien-fecrettement, à ce qu'on croyait. Mais notre Tante la veuve favait tout. Elle nous laiffa teter, ét après notre fevrage, un-beau-matin, elle nous fit enlever, ét porter à Maman-Janus, afin que ses Enfans aient la succession de ses Sœurs. Nos Mères ne savent pas encore cette ruse. Mais Maman-Janus la leur decouvrira, dès que nous aurons fini notre triennat avec l'Agioteur, qui nous a preferées pour ses Coucheuses, ét qui paie trop bien, pour qu'on le neglige-".

Nous avertissons nos Lecteurs, que nous leur donnerons la continuation de l'histoire de toutes les Sunamites, lorsqu'il sera question de leur second emploi, comme *Berceuses*, *Chanteuses*, ou *Converseuses*.

Ce fut ainsi que se termina la seconde Quatorzaine.

III.me QUATORZAINE
des *SUNAMITES* en-*exercice*.

Nous revinmes pour la troisième-fois chés Mad. Janus, afin-d'entendre les origines de ses Elèves: Ce qui contribuait à nous donner l'histoire de nos mœurs ét du Genre-humain. Les Sunamites qui nous restaient à connaître, se nomment, *Bleuette* ét *Barberose*; *Tulipette* ét *Genetine*; *Pivoine* ét *Muscadine*; *Orange* ét *Grenade*; *Piédalouette* ét *Fraisée*; *Abricote* ét *Framboisine*; *Péchette* ét *Felicité*; outre *Reineclaude* ét *Rosemauve*.

Toutes ces Jeunesfilles nous avait paru très-interessantes! En-general, les origines étaient singulières, ét nous voulions continuer à voir jusqu'où peuvent aler les écarts de notre Espèce.

33, 34, 35 ét 36.me SUNAMITES:

BLEUETTE, *ét* BARBEROSE;

GENETINE, *ét* TULIPETTE.

Dès que mad. Janus eut fait le signal qu'on pouvait nous parler, nous vimes s'avancer Bleuette la brune, avec la blonde Barberose, fuivies de Tulipette ét Ge-netine.   Bleuette prit la parole.

» Nous fommes ici quatre Sœurs, nées en legitime mariage, dans le Mar-chand aisé, d'un père Picard ét fort laid, ét d'une Mère fuperbe: notre Père était brun noiraud ; notre Mère blonde ét rofée, grande, faite-au-tour, marchant comme les Grâces. —Tenez (inter-rompit la blonde Genetine), marchant comme ma Sœur Bleuette.

» Nous avons eu un Frère (reprit Bleuette), laid comme notre Père, ét une cinquième Sœur , qui n'était pas jolie : Pour nous-quatre , vous nous voyez. Mon Père eut la vogue, à-cause de la beauté de ma Mère. Eſt-ce qu'il n'ala pas ſ'imaginer que l'argent devait pleuvoir chés lui, parcequ'il avait une belle Femme ? Il negligea ſes affaires. Ma Mère, qui était ſage , ét qui n'accordait rien à Perſone, ne recevait rien non-plûs. Mon Père ſe divertiſſait, ſurtout il jouait gros, comptant ſur le pretendu treſor de ſa Femme. Comme la boutique était bonne , ils vécurent comme cela quatorze à quinze ans.

» La maison était alors minée, ét il n'y avait plus que de l'apparence. Un-ſoir , après ſ'être mis au lit , mon Père avoua bonnement à ma Mère l'état de ſes affaires , ét l'opinion qu'il avait d'elle. Ma Mère lui proteſta, qu'elle avait toujours été ſage , ét qu'elle n'avait rien gagné. —Quoi! je ne ſuis pas Cocu,

avec

avec une auffi jolie Femme, à Paris, fille de Relieur, qui toutes font Catins !....- Me voila perdu ! moi, qui me croyais. .. des cornes d'or, ét qui me fuis diverti en - confequence ! Hà ! je fuis per-du !... je fuis perdu ! (criait-il à tue-tête ; car je l'entendis). —Je l'enten-dis auffi, moi (dit Genetine). —Eft-il poffible qu'il n'y ait qu'une feule Jolie-femme-fage , dans toute la Capitale , ét qu'elle me foit tombée ! Hà ! mondieu ! hâ ! mondieu ! que vais-je devenir-?....

» Ma Mère fut bien étonnée de ce difcours ! Elle fit des reprefentations. —Birih ! (f'écria mon Père) ; je m'em-barraffe - bien de viande-creufe, comme votre chienne de vertu !... Alons, alons, dès demain, ayez la bonté, Madame, d'écouter l'amour de ce Richard de *Le-breteur*, qui me fait la cour pour vous depuis plus de fix ans ! Mais je vous en croyais d'Autres, ét je ne voulais pas

II Partie.   F

trop vous fatiguer..... Quant à vos guenons de Filles, vous savez-bien l'histoire du petit Poucet ?...... Laissez-moi faire....

» Ma Mère ne savait que repondre.... Le lendemain-matin, mon Père sortit ; Une heure après, il rentra, conduisant le gros Richard. —Monsieur! (lui dit-il) ; je suis le maître ; je vous la donne, pour en faire à votre bon-plaisir (montrant ma Mère): Je suis Picard ; si elle raisonne, voyez-vous ce nerf-de-bœuf ? je l'arrangerai comme une Femme d'Abbeville-... Il sortit, en achevant ces mots.

» Le Richard parla bien clairement à ma Mère, qui se prit à pleurer. Il la consola, en lui disant : —Ne m'accordez rien ; mais recevez de moi ce qui peut le satisfaire : Je vous donnerai mille francs par mois : Avec cela, vous ne serez pas dans le besoin. Mais comme on peut saisir vos meubles, pour les dettes de votre Mari, venez dans une maison à moi, ét où tout eft fuperbe! Je vous la donnerai, avec les meubles, le jour de mon bonheur ; ét en attendant, elle paſſera fous mon nom-... Ma Mère, que cela n'engajait à rien, y conſentit. Nous alames demeurer dans maison du Richard.

» Le même foir, mon Père demanda rudement à ma Mère, fi elle avait donné fatiſfactaſon à m. Lebreteur ? Elle lui repondit, Qu'elle ne l'entendait pas. Il ſ'expliqua-. —Hâ-ciel ! y penſez-vous ? Il eſt trop honnête-homme pour me le demander ! —C'eſt moi qui vous le demande pour lui ; ét fi vous ne le faites pas, demain, je vous aſſomme. —Quoi ! vous voulez que je donne un pareil exemple à mes Filles ? —Hâ vous avez -raison, madame ! vous avez raiſon-.... Il ne dit plus rien. Mais le lendemain - matin, il nous ordonna tant à moi, qu'à mes Sœurs que vous voyez, de nous habiller le plûs proprement que nous pourrions. Ma Mère nous aida, ét nous donna cette grâce, qui lui était particulière. Le Richard arriva. Mon Père nous dit : —Alons faire un tour, mes Filles, pendant que Madame parlera d'affaire, avec mon Ami-.... Nous montames en fiacre, ét nous alames au Luxembourg, où mon Père nous fit dejeûner. Delà, un autre fiacre nous prit, ét nous amena droit ici.

» Maman-Janus était prevenue par mon Père, de la veille. Elle avait justement besoin de deux *Couples de Tourterelles* (comme elle disait alors), l'un pour son Financier, l'autre pour son vieux Cardinal : Elle nous reçut à bras-ouverts. Notre Père nous laissa, en nous recommandant d'obeïr en tout à notre nouvelle Maman;

» Dès qu'il fut parti, Maman-Janus s'assit là, ét se mit à nous exposer nôtre devoir devant Celles de nos Compagnes qui le savaient deja. La persuasion coulait de ses lèvres : Elle nous convainquit si-bien de la pureté de ses vues, de l'utilité de son art, de la legitimeté de sa conduite, que nous nous levames pour l'embrasser, enchantées de delivrer notre Père ét notre Mère d'un aussi pesant fardeau que l'entretien de quatre grandes Filles.

» Voila toute notre histoire. Maman peut dire que nous nous sommes aquitées de notre devoir, à sa satiffaction, ét à celle de nos respectables Vieillards ».

Genetine prit alors la parole : —Ma Sœur Tulipette ét ma Sœur Barberose, que vous voyez, ont pourtant fait une petite escapade : Comme elles aiment beaucoup ma Mère, elles ont voulu la voir. Elles lui ont écrit, ét elles ont été l'attendre à la fenêtre, de peur, qu'on ne la laiſſât pas monter. Dès qu'elles l'ont vue, elles ont couru audevant d'elles, ét l'ont embraſſée. Notre Mère ſ'eſt trouvée-mal, ét Maman-Janus a eu l'embarras de la faire revenir. Elle lui a tout dit. —Alons, alons! (a repondu ma Mère), le mal eſt moins grand pour elles que pour moi. Car mon Mari m'a forcée à ...... avec le Richard , bien plûs coupablement!... A ſon retour, il me dit avec dureté : —J'ai perdu vos quatre Filles , pour que vous ne leur donniez pas mauvais-exemple. Je vous laiſſe votre Fils ét la Plus-jeune , votte petite *Reineclaude :* Si vous ne m'obeïſſez pas, dans ce que vous ſavez, je les perdrai auſſi-. C'eſt pourquoi, j'ai obeï...

» Voila tout ce qui nous regarde. Ma Mère eſt triſte , mais elle ſupporte ſes peines » ...

36 ét 37, 38 ét 39.me SUNAMITES,

PIVOINE, ét *MUSCADINE*:

ORANGE, ét *GRENADE*.

Nous avions à - peine remercié la provoquante Bleuette ét la mignone Genetine, que nous vimes s'avancer quatre autres Sunamites, ayant à leur téte la blonde Orange.

»—Nous sommes filles (nous dit-elle), mes trois Compagnes ét moi, de deux Voisines de la rue de l'Arbresec, l'Une Marchande-bijoutière (c'est ma Mère), l'autre Marchande-papetière (mère de mes trois Compagnes). Ma Mère, fille, était Marchande de petits bijous, dans le passage de l'ancien Palais-royal à la rue de Richelieu. Un Intrigant, natif de *Leictoure*, en voyant une aussi charmante Persone qu'était la Jeune-mar-

F iv

chande , specula qu'il pouvait faire sa fortune avec l'emplette de ce Bijou. Il jouait , ét gâgnait quelquefois. A la première bonne-veine, il reünit l'adresse au hasard , ét , dans la séance , gagna troismille louis. Il s'arrêta - là , par un motif plùs puissant que la passion du jeu ; celui d'avoir ma Mère. Il se fit recevoir Marchand-bijoutier , sous le nom d'un Apprentif, qui lui ceda son nom ét ses droits entr'eux , il leva une superbe boutique , qui en compose aujourdhui deux, dans la rue de l'Arbresec, la garnit , ét bien établi, vint demander ma Mère. Il était fort laid! mais la boutique était si belle! Il y avait un autel en niche pour la Marchande ; les portes ét les *donnejours* avaient de si beaux verres-de-bohème, que tout cela tourna la tête de la Jeune - marchande privilegiée.

» Dès qu'elle eut consenti, on la mena

chés les Marchands de la rue Saintho-
noré-Féronnerie, se choisir des robes,
des mousselines, des dentelles, des gazes;
ét dans la rue Sainthonoré-l'Oratoire,
faire emplette des bijoux les plûs brillans ét les mieux montés. Elle en prit
considerablement, parcequ'ils devaient
rentrer dans la boutique, ét faire partie
du fond.

» Tout cela fait, on se maria.

» Le soir des noces, le laid Mari dit
à sa jolie Epousée: —Madame, ne croyez
pas que j'aie voulu faire à une aussi belle
Persone que vous, le tort de lui donner,
pour coucheur, un Mâgot tel que moi!
Non, non! je ne vous toucherai pas...
Dites - moi seulement, dans la verité,
avez-vous votre pucelage ? —La question est singulière, Monsieur ? —Elle
est de pure curiosité: je ne vous en vou-
drai pas, si la qualité de vierge vous
manque ; mais je prendrai mes arrange-

gemens en-conſequence ? —Monſieur, je ſuis honnête, ét jamais je n'ai manqué à la vertu. —Je vous crois, ma Belle : mais en qualité de votre Mari, j'ai droit d'y voir-? Ma Mère fit quelques difficultés : mais enfin, craignant qu'on ne la ſoupçonnât de craindre quelque-chose, elle abandonna ſes charmes à la curioſité du laid Gaſcon... Il usa longuement de ſa complaisance.

„—Vous êtes parſaite! (lui dit-il enfin) ; ét ne fuſſiez-vous pas pucelle, vous le paraiſſez : cela me ſuffit. —Quoi! Monſieur! —Paix! ma Belle! c'eſt un bien plûs grand merite de le paraître, ſans l'être, que de l'être, ſans le paraître. —Mais je le ſuis. —J'aimerais mieux que vous ne le fuſſiez-pas, à-present, ét que la jouiſſance, même repetée, vous laiſſât telle que je viens de vous voir. —Monſieur ! —J'ai mes raisons..... A-present, madame, vous alez vous mettre

au lit. Je ne troublerai pas votre tranqui-
lité ! je ne ternirai pas ces charmes brill-
lans ! Je m'en garderai bien ! Vous êtes
l'effet le plûs precieux de ma boutique!...
Parlez, Madame ; tout ce qui pourra
vous fatiffaire, fera ma loi ; je ne veux
que votre bonheur ; le mien fera d'être
à vos ordres, ét l'inftrument de vos fe-
licités. —Enverité, Monfieur, vous
m'étonnez ! —Soit : mais je fuis vrai-.

„ Je vous pafferai une infinité d'autres
propos, qui eurent lieu les jours fuivans.
Ma Mère fut mise comme une ducheffe.
Elle ne defcendait à fa boutique qu'à mi-
di, après une demi-toilette, presidée
par fon Gafcon. Elle était alors à cro-
quer. Tout le monde l'admirait. A deux
heures, on fesait la grande toilette ; ni
rouge ni blanc : La fraîcheur naturelle,
ét le contentement en tenaient-lieu. On
dînait. Mets delicats ét falubres pour
Madame. On fe remettait à l'autel aux
bougies. F vj

» Cette conduite amena pour chalans la Cour ét la Ville. L'admiratif Gascon ne parlait à sa Femme qu'avec respect, ét en la traitant de Madame. Enfin, enfin, arriva ce qu'il desirait.

» Un riche ét jeune Mylord vit la Belle-Bijoutière, ét en devint éperdûment amoureux. Le Gascon lut dans son âme, avant lui-même. Aussitôt, il depéche en Angleterre, pour connaître l'état des affaires du Lord, ét ce qu'il en pourrait tirer. Il apprend que Mylord ** jouit de soixantemille livres sterling de revenu; qu'il ne doit rien ét qu'il a encore des esperances. Il forme alors le projet d'englober tout le superflu de Mylord. Il aurait été peutêtre utile de communiquer son plan à sa Femme : Mais croirait-on que ce Gascon avait une sorte de probité delicate : —Je peux vendre à Mylord une Femme qui m'appartient ; je la vens pucelle, parceque son pucelage étant à moi, ce que je vens est le fruit de mes privations ét de mes épargnes : Mais qu'est-ce qu'une Femme qui n'est vierge que de corps ? Il faut qu'elle le soit d'âme, d'esprit, de cœur : Je ne dois donc pas porter atteinte à sa vertu : Je dois ressembler à mon voisin le Papetier, qui conduisant sa Femme par le bras, au moment où deux Poissardes se disaient des horreurs, se mit à crier plus haut qu'elles, en parlant à son Epouse, ét lui tenant les mains : Et quand elle lui demanda ensuite, Pourquoi cela ? il lui dit : —C'est que je ne voulais pas que la pureté de vos oreilles fût blessée-.

» D'après ce plan, le Gascon ne dit mot. Mylord parla. La Bijoutière rougit, ét ne lui montra que de la vertu. Le Gascon écoutait, sans être vu. En-sortant, il dit au Lord : —Je vous ai entendu-. Mylord fut étonné. Mais le Gaſ-

con n'ayant rien ajouté, s'étant retiré
même, ét ayant refermé la porte, Mylord regarda, s'il parlait à sa Femme.
Non; il rentra dans son cabinet. La
voiture partit. Mais à vingt pas, Mylord fit arrêter, descendit, ét vint épier.
Le Mari était dans son cabinet : La belle
Marchande servait ou fesait servir, avec
un air d'innocence ravissant. Mylord
ne se retira qu'à la fermeture de la boutique.

„ Le lendemain-matin, il revint. La
belle Marchande n'était pas encore des-
cendue. —Vous m'avez entendu (dit-
il au Bijoutier) : Vous savez donc que
j'adore votre Femme ? —Oui, Mylord :
Mais je sais aussi qu'elle est sage, ét je
ne crains rien. —Je l'adore (reprit le
Lord), ét je donnerais ... ma fortune,
pour la posseder. —Je le crois! J'ai fait
sa fortune, moi, car je suis riche, ét
gentilhomme : Si j'avais été duc-ét-

pair, je ferais marchand, comme vous me voyez, ou elle ferait duchesse; car je l'aurais également épousée... Vous ne savez pas jusqu'où vont ma tendresse ét mon respect pour elle! Imaginez,... que... Mais je n'ose vous dire cela.... —Parlez, parlez, je vous en prie! (s'écria Mylord). —Hébien, je voulais dire, que l'ayant trouvée pucelle, ét si belle, que rien n'est audessus, j'ai craint de gâter ce bijou!... Elle l'est encore.... Je n'ai pas encore osé ternir ces belles joues par mes baisers; presser ces lèvres de rose, de mes lèvres flêtries.... Elle est comme l'Enfant qui vient de naître.... Et voyez le plaisir, que j'ai à vous parler d'elle!.... Tenez. je l'aime tant, ét je l'admire si fort, que je veux que vous voyiez sa fraîcheur, à son insu.... Venez, venez-! I! mena Mylord.

» La modeste Bijoutière était seule

en ce moment ; elle renvoyait toujours
fa Femme - de - chambre, au moment
d'entrer au bain ; elle était prefque nue.
Elle entre, ét tout tombe. Il prit au Lord
une crifpation ; il fut prêt à f'écrier !...
Le Gafcon le retint.... Quand il eut raf-
fafié fes regards, ét que la Belle fut
fortie du bain, le Lord ét le Marchand
defcendirent.

»—Mon cher Ami ! (dit Mylord),
ma vie depend de vous : Puifque vous ne
jouiffez pas de votre Femme, par excès
d'amour, un Mari auffi delicat, eft capable de me l'a ceder, fi je parviens
à lui plaire.... Je lui affure centmille livres de rentes, à elle ét vous ?
—L'interet n'a aucun pouvoir fur moi
(repondit le Gafcon);mais j'accepterais...
les centmille livres-tournois de rente,
pour ma Femme... Les hazards du commerce font fi-grands !... Je la verrais en
fureté.... Ma tendreffe pour elle me fol-

licite... Mais souffrir que vous corrom-
piez cette belle âme! que vous feduisiez
ma Femme! Non, non! —J'en mour-
rai... Hébien... je donne les centmille
livres-tournois de rentes, fous une condition? —Moi, je ne les accepterai, malgré tout le desir que j'ai d'affurer une
grande fortune à ma Femme, qui la merite fi bien!... auffi qu'à une condition!... —Parlez? Que voulez vous
que je devienne? —Heureux. Je veux
tout accorder, mon honnéteté, le bonheur de ma Femme. Vous ne la fedui-
rez pas; j'en fouffrirais trop : mais vous
vous approcherez d'elle ,... fous mon
nom.... Hé! ne croyez pas que je veuille
vous tromper! Je fuis mecontent de fa
Femme-de-chambre : Donnez-lui de
votre main, une Fille, qui foit votre ef-
pione. —Hâ! (f'écria le Lord), je le
veux! ét alors paffer le contrat-.

» Ils y alèrent: Les centmille livres de

rentes, bien hypotequées, ils revinrent. Le Lord dit, qu'il enverrait le soir-même une Femmedechambre. Le Gascon renvoya celle de sa Femme, non qu'il en fût mecontent, mais elle était jolie, ét il voulait en faire sa maîtresse; il la mit en chambre, au pourtour de la Nouvelle-hâlle. A six heures du soir, comme on arrivait, un quartd'heure après la sortie de la Precedente, parut la nouvelle Fille. Elle avait l'air bien singulier! Mais c'était le choix de Mylord, ét le Gascon l'accepta. La Belle-Bijoutière ne la trouva pas aussi desagreable que son Mari le craignait, malgré son air masculin, ét elle fut installée.

„ Mylord ne paraissait pas. La Bijoutière pensa naturellement que c'était à-cause de sa declaration de la veille: Le Gascon, lui, l'attendait le soir. Ne le voyant pas, il en parla, très en particulier, à la Femmedechambre. Elle lui repondit, qu'il fît tous les semblans de coucher avec sa Femme, ét qu'elle se chargeai t d'introduire Mylord.

» En-consequence, le Gascon dit à sa Femme , qu'il avait resolu d'avoir un Heritier , pour écarter les Galans par une grossesse.   La Belle rougit , ét se tut.   A l'heure de se coucher , le Mari feignit de se preparèr à entrer au lit. La Femmedechambre cependant s'était retirée.   A l'extinction des bougies , Mylord vint prendre le Mari par le bras : Celui-ci , au-fait , parla comme se couchant, tandis que Mylord entrait dans le lit.   Il feignit de dormir : La Belle dormit tout-de-bon , ét ne s'éveilla que pressée dans les bras de Mylord.

» Ce qu'il y a de singulier , c'est qu'elle parla de Mylord.   Elle l'avait trouvé aimable , ét elle le dit , en remerciant son Mari de contribuer à sauver sa vertu. Cet aveu lui valut un redoublement de careſſes. Cette nuit fut très-heureuse!

Le lendemain, la Belle-marchande regardait ſon Mari d'un air languiſſant. Elle dit à *Virago*, ſa nouvelle Femme-de-chambre, qu'elle trouvait ſon Mari, moins laid, depuis qu'elle avait couché avec lui. Virago eut peur qu'elle n'alât aimer un Monſtre pareil; ét elle lui avoua, que du conſentement du Gaſcon, qui, la veille, avait accepté cent-mille livres de rentes, elle avait introduit Mylord. La Bijoutière parut rêveuse. Alors Virago ſe jetant à ſes genoux, lui dit: —Vous voyez le Coupable! Je ſuis le Lord anglais, qui ne m'en ſuis fié qu'à moi-même, de la probité de votre Mari: Pardonnez à l'Amant le plùs tendre, ét laiſſez-le vous ſervir, aumoins quelque temps-! Le jeune Lord ne parlait ainſi, qu'après le bain; il avait tout vu. La Belle lui preſenta ſa main, qu'il baiſa. On fit venir une Coîfeuse, Virago ne fachant pas coîfer ; ét comme le Mari avait eu foin de fe tenir aux écoutes, il connut tout, ét fe comporta en conféquence.

» Ma Mère me mit au monde aubout de neuf mois. Mylord n'en avait refté que fix Femme-de-chambre. Il emmena ma Mère, quand elle fut relevée, ét comme les centmille livres ne fe trouvaient données qu'à elle, le Gafcon n'eut rien. Cet Homme enragé m'ôta de chés ma Nourrice, ét me cacha auprès de Maman-Janus, qui n'eft inftruite que depuis quelques jours.

» Comme il eft très-avare, il voulut recevoir un prix de ma perfone. Maman le donna. Sa Voisine la Papetière, avait trois Filles, les mêmes que vous voyez, la brune Pivoine, la blonde Mufcadine, ét Grenade ma camarade coucheuse, parcequ'elle eft brune. Le Gafcon, fûr de ne pas être decouvert, vint

dîre à Maman-Janus, qu'il avait encore
d'autres Filles à vendre, d'une Maîtreffe qui fe croyait fa femme : ajoutant, qu'il y était forcé, à-cause du besoin où il fe trouvait.   Il vanta la pudeur
de la Papetière, qu'il disait fa maîtreffe,
ét la faineté de fes Enfans.   Maman-
Janus accepta, quand elle eut vu les trois
Petites-filles. Le Gafcon, un-beau-jour,
qu'on les avait laiffées feules, les fit écarter de la maison, par une Courtière à
lui, ét dès qu'elles furent hors du quar-
tier, on les mit dans un fiacre, qui les
amena ici.   Le Gafcon ne parut pas
devant elles.   Maman-Janus dit à ces
Enfans, que c'était leur Papa qui les
avait amenées, ét qui les vendait
parcequ'il était ruiné. Elles le crurent
ét ce n'eft que depuis très-peu de jours
que la Courtière eft venue tout decouvrir
à Maman.   Elle a proposé à mes trois
Compagnes, de les rendre fur-le-champ

à leur Parens. Mais des Persones sages ont dit, Qu'il falait examiner. Dailleurs, nous sommes si bien avec elle, nous l'aimons si tendrement ; les avantages qu'on nous fait, sont si près d'échoir, que nous voulons attendre que nous les ayions reçus. Dans quelques années , vous saurez ce que nous serons devenues. Notre vieux Duc ét notre vieux Marechal paraissent nous aimer beaucoup , ét nous promettent monts ét merveilles » !

Tel fut le singulier recit de la belle Orange, dont nous nous sommes rappelés d'avoir connu la Mère, en 1767, ou 8 : C'était effectivement une superbe Fémme ! Elle resta peu de temps dans sa belle boutique, ét nous ignorions ce quelle était devenue. Nous la fesons chercher en Angleterre, pour lui rendre sa Fille.

Nous l'avons decouverte.

41.me ét 42.me, 43.me ét 44.me, 45.me
ét 46.me SUNAMITES:

PIÉDALOUETTE, ét FRAISÉE;

ABRICOTE, ét FRAMBOISINE;

PÉCHETTE, ét FELICITÉ.

Les six Dernières ayant une histoire
communes, elle se presentèrent à-la-fois:
C'étaient les troisièmes Coucheuses du
Medecin, de l'Agioteur, ét du Ton-
tiniste.

» — Nous voila six (dit la blonde
Felicité), qui nous reünissons en grou-
pe, parceque dans les Six, je suis la
Seule qui aurai la hardiesse de parler:
Mes Amies font toutes très-timides,
furtout Pêchette ! Quant aux quatre
Autres, elles m'ont chargée de la com-
mission.

» Pèchette est fille d'une Femme violée

par

par des Voleurs, après avoir affassiné,
ou emmené le Mari, on ne fait lequel.
L'Homme ét la Femme étaient mar-
chands-forains. Ils traverfaient un bois:
Ils furent attaqués. On entraîna la
Femme dans le bois, où elle éprouva le
fort le plûs cruel.... On lui laiffa la vie,
ét elle la donna, neuf mois après à ma
Jeune-compagne. Elle était voisine de
Maman - Janus ; elle avait horreur de
l'Enfant qu'elle devait mettre au monde :
Elle vint accoucher ici, ét pria qu'on
l'ôtat de fa vue à-jamais. La petite Infortunée fut élevée par fa Mère d'a-
doption.

» Quant à moi, je fuis fille d'un Lu-
thier. Ma Mère était très jolie ! Mon
Père-putatif était un affés aimable Homme. Mais un Musicien de l'Opera parut plûs aimable encore à ma Mère.
Son Mari f'en aperçut. Il la guetta, ét
une nuit qu'il avait feint d'aler à Mantes,

II Partie.   **G**

chercher (disait-il), des bois-à-violons, il se cacha.   Le Musicien vint rassurer ma Mère, qui, la nuit, avait peur des Revenans.   Il resta.   Mon Père-putatif voyait tout.   Il prit la chose très-mal! mais il ne sonna mot.   Ma Mère devint enceinte de moi.   L'Epoux savait à quoi s'en tenir.   Il me laissa venir au monde, amena une Nourrice, qu'il ne montra pas.   Jamais il ne voulut dire à sa Femme ce que j'étais devenue. Elle n'osa pas le denoncer.   A quatre ans, je fus remise à Maman-Janus, qui, en recevant des Enfans, avait soin de toujours savoir leur histoire, bon-gré, malgré.

» J'ai grandi, chés elle, avec Pêchette, qui était ma Contemporaine, ét me voi-la.... Pardon, si j'ai commencé à parler de moi; mais j'ai voulu m'en debarrasser.

» Nous étions un-jour à jouer ensemble, devant la porte, Pêchette ét moi, quand deux petites pauvres Filles, nous abordèrent. L'Une disait à l'Autre : —Que les Demoiselles font heureuses ! Elles jouent, elles rient, elles ont à dîner-! Je fuis naturellement compâtiffante, ét Péchette auffi. Nous nous regardames attendriés : Nous primes chaqu'une par la main une des Jeunes-filles, en leur disant : —Venez chés Maman-Janus; elle eft bonne ; elle va vous donner à dîner. —Nous les menames en courant, ét criant, —Maman ! voila deux pauvres petites Filles, qui ont bien faim-! Maman-Janus les fit entrer dans la falle-à-manger, les queftiona, ét leur donna un potage : Puis elle leur deman-da, Qui elles étaient ? Fraisée montrant Piédalouette, repondit : —Elle eft or-feline, ét fille d'une Sœur de ma Mère, qui était demoiselle ; mais qui, en mou-rant, il y a fix mois, ne lui a rien voulu laiffer, pas tant feulement un liard. Ma

G ij

Mère l'a prise, ét l'a nourrie comme nous.

Mais ma Mère a eu la jambe caſſée par un cabriolet ; ſi bïen qu'elle n'a plus dequoi nous donner , à perſone-.

» A ce recit, Maman-Janus fut touchée aux larmes. Elle ala chés la pauvre Femme , lui donna de l'argent , ét la debarraſſa des deux Petites-filles. Elle les ſit mettre au bain , en arrivant ; on jeta leurs habits , au coin d'une borne , tant ils étaient mauvais ; on les habilla de neuf, on les mit à une Penſion, pour les degroſſir ; ét-puis, ou les prit avec nous, ét elles furent demoiſelles, comme nous.

» Un-jour , que nous nous amusions enſemble , il y eut une petite diſpute. Piédalouette voulait avoir raison ; moi auſſi. Nous diſputious-donc bien fort , quand voila toutaccup , que Fraisée dit à ſa Cousine la brune Piédalouette : —Tu diſputes ! ét c'eſt elle , avec

Péchette, qui nous ont fait ce que nous sommes-!.. Aussitôt Piédalouette vint se jeter à mon cou, en disant, que j'avais trop bon cœur, pour avoir jamais tort.... Maman-Janus nous aprend à être bonnes : Nous fumes si touchées, Pêchette ét moi, que depuis ce moment, nous n'avons jamais disputé avec nos deux Compagnes, ét que nous nous aimons tendrement.

» Abricote fut perdue un dimanche, au Jardin-des-Plantes, vers ces Abricotiers, qui étaient audessous de la terrasse. Nous y étions toutes-quatre, Pêchette, Piédalouette, Fraisée ét moi. Nous vimes une jolie Enfant, aux cheveux frisés, ét dorés, qui pleurait. Nous l'environames. Elle dit, qu'elle avait perdu sa Maman. —Nous alons t'en donner Une-autre-! (lui dimes-nous). Et nous la menames à Maman-Janus, qui chercha partout le jour-même, ét qui le lendemain fit publier, Qu'elle

avait trouvé une Jolie-enfant. Perfone ne reclamant, elle la garda.

„Huit jours après, jour-pour-jour,
nous étions aux Tuileries. Nous jouions
fous les arbres, en courant, ét nous
nous écartames auprès des buis, qui
n'y font plus: . Là, nous vimes une vilaine
Femme, qui tâchait de confoler une
Jeune-fille qui pleurait. Cette Enfant
était bien-vêtue. Nous nous mimes à
crier comme des Aigles : —Maman !
Maman-Janus ! une petite Demoiselle
qui pleure-! Maman vint auprès de nous,
avec les deux Chirurgiens, qui demeu-
raient à la maison. Dès que la vilaine
Femme les vit, elle f'enfuit. Nous
menames la petite Demoiselle à Maman. —Qui êtes-vous, ma Fille ? (lui
demanda-t-elle). —Helas ! Madame!
je n'ose prefque vous le dire. —Dites-
moi l'effenciel ? Puis-je vous rendre à
vos Parens ? —Non, Madame : On

m'a perdue exprès : J'ai vu fuir ma Tante, ét mes cris n'ont pu la toucher... Je l'ai vue de la terrasse, monter en carrosse - de - louage, ét s'éloigner. —Venez avec moi, ma belle Enfant ! (lui dit alors Maman-Janus, ét causons, en marchant. —Madame (reprit Framboisine ; car c'est cette Brune aimable que voila), vous êtes mère de ces aimables Enfans, ét vous devez être bonne. —Vous avez de l'esprit ! (repondit Maman-Janus). —Je voulais courir après ma Mère, qui m'abandonnait....... Cette Femme, que vous avez vue, m'a jointe, ét m'a proposé de m'emmener. Je n'ai pas voulu. Elle me pressait, ét me traînait par le bras, en me fesant des complimens, néanmoins : Vos deux Demoiselles sont venues, ét vous ont appelée-.

» Nous montames dans la voiture du Medecin de Maman-Janus, ét nous arrivames.   G iv

» Ce fut alors que Framboisine nous apprit, qu'elle était fille …. d'un Curé de province, ét d'une Jeune-persone qu'il avait chés lui, sous le titre de sa Nièce, quoiqu'elle ne le fût pas : Que jamais elle n'avait été au presbytère, mais, de chés sa Nourrice, au Couvent : Que cette Demoiselle, qui se fesait apeler sa Tante, mais qu'elle croyait sa Mère, l'en avait tirée, pour l'amener à Paris : Qu'elle avait bien vu, depuis leur arrivée, quelque-chose d'inquiet, dans les ieux de sa Tante ; mais qu'elle ne pouvait se premunir : Qu'enfin, après dîner, elles étaient sorties ensemble, ét qu'après plusieurs tours, jusqu'à lassitude, la Demoiselle avait feint un besoin, ét s'était évadée. …

Tel fut le recit de Framboisine.

» Maman-Janus l'embrassa, dès qu'elle eut fini, en lui disant : — Vous

êtes ma Fille, ét voila vos Sœurs.....
Il aurait falu voir la reconnaiſſance
de la petite Framboisine, pour ſ'en
former une idée !.... Elle fut auſſi
grande, que la bonté de Maman.......
Auſſi elle eſt ſi bonne pour nous, elle
aquiert-tant-d'empire ſur notre cœur,
qu'elle fait de nous tout ce qu'elle veut,
non par ſeduction, ou par une complai-
ſance baſſe, mais par la tendre amitié,
independante de la reconnaiſſance ».

Nous remerciames la jolie Felicité,
qui paraiſſait très-bien nommée ; car
elle était charmante, ét après avoir
obtenu de Mad. Janus la promeſſe, qu'elle
nous acheverait les hiſtoires de ſes
XLII-Sunamites, en temps ét lieu, nous
la quittames pour quelque-temps.

FIN des SUNAMITES.

G v

EXSUNAMITES.

I.er ORDRE.

LES BERCEUSES.

Lorſque nous avons revu Mad. Janus, toutes les *Sunamites,* dont nous avons *croqué* l'hiſtoire, avaient fini leurs trois années. Les Vieillards avaient tenu leur parole, pour les penſions, à leurs trois Couples de Reſtauratrices ; Mad. Janus leur avait donné le fruit des épargnes faites pour elles, parceque les ſiennes étaient bien plûs conſiderables, ét qu'il eſt aiſé d'être un-peu genereuſe, quand on eſt très-riche : Enfin, chaqu'une des Elèves de cette Femme, utile à la longevité des Vieillards, avait

une des fonctions aufquelles fon caractère
ét fa capacité la rendaient propre. Nous
alons reprendre chaqu'une des Exfuna-
mites, pour la placer dans la clàffe où elle
doit refter pendant tout le temps de fa
jeuneffe.

Le genre de nos Recits va changer !
Nous n'aurons plus des Origines monf-
trueuses à decrire. Il l'a falu neanmoins,
pour ôter aux *Femmes-publiques*, ét
même aux *Sunamites*, un cetain charme, que leur donne une parure provoquante, leur adreffe, leur beauté, leur
facilité méme. Dorenavant, nous n'aurons à decrire, que la manière dont les
FILLES feront forties de leur état *publiq* ét *hors-de-la-fociété*, pour fe remettre au rang des Citoyennes; qualicé
qu'elles n'obtiendront jamais que par la
vertu.

G vj

1.re ét 2.de B E R C E U S E S :

ROSALIE, ét *FANCHETTE.*

Pour remplir la promeffe que nous avions faite de fervir ces deux Suna-mites, qui alaient peutêtre fe perdre au *Cirque*, par la trop grande indulgence de Mad. Janus, nous alames voir leur Vieillard. Nous lui representames fes obligations, à-l'égard de deux Jeunesperfones, dont il avait eu les premices, de toutes manières. Il nous écouta, ét lorfque nous eumes achevé, il nous dit, en ricannant : —Mon bel Ami ! ne feriez-vous pas l'Amant de l'Une ou de l'Autre ? De toutes les deux peutêtre-? Nous contraignimes notre air, naturellement gracieux, pour en prendre un fevère.

—Nous fommes *Aquilin-des-Efca-pettes.* Nous avons une douce ét char-

mante Amie, que nous adorons, ét
qui nous a rendu le Chevalier de tout
son-sexe-.

A la declinaison de notre nom, l'on
eût vu le Vieillard aggrandir ses petits
ieux brillans, ét nous regarder, avec
un étonnement de curiosité. Cependant,
il voulut continuer son rôle de plai-
santerie : —Je vous croyais incon-
gruiste, Monsieur !· —Vous vous étes
trompé, Monsieur, sur notre compte,
comme beaucoup d'Autres : Voyez
notre charmante Cousine, ét vous serez
convaincu, que nous ne pouvons que
l'adorer. —Je le sais (repondit-il) :..
Mais que voulez-vous donc que je fasse
pour mes deux Sunamites ? J'ai payé
l'amande. —Hé ! quoi, Monsieur !
vous vous en tenez à ce que vous devez, envers deux Jeunes-beautés, qui
vous ont donné leur fraîcheur ét leur
salubrité ! —Que voulez-vous que je

faſſe ? —Mariez-les : Faites-en vos
Obligées ; ét lorſque la caducité vous
accâblera, elles environneront votre
lit, avec leurs Enfans ; elles vous aide-
ront à y monter, à en deſcendre :
Elles vous endormiront par des propos agreables. ——Oui ! oui ! elles
ſeront mes Berceuses, comme en a
Quelqu'un ! C'eſt bien penſé !... Alons,
je les marierai avec une bonne place,
ét des appointemens pour leurs Maris,
outre 20-mille écus de dot. Qu'elles
choisiſſent des Hommes capables :
Vous ſavez ce qu'il me faut-?

Nous quittames le Vieillard très-
ſatiſſaits, ét nous accourumes chés
Mad. Janus, que nous inſtruisimes.
Elle appela Rosalie ét Fanchette.

—Choisiſſez-vous chaqu'une un Mari,
à votre goût (leur dit-elle). Puis la Maman leur detailla les avantages que nous
venions d'obtenir. Rosalie parut tranſ-

portée-de-joie. Pour Fanchette, elle foupira. —Qu'as-tu, ma Fille ? (lui dit Mad. Janus). Fanchette fe jetà dans fes bras : —J'ai fait tout ce que j'ai pu, Maman, pour arracher cet amour de mon cœur ; mais je n'ai pu ! —Hé ! qu'eft-ce ? —J'aime ton Fils. —Il n'a pas 16 ans ! —N'importe ! je l'aime depuis trois. Je ne demande pas à l'époufer ? je lui ferais tort : Mais permets que je fois fa maîtreffe, jufqu'à ce que tu l'établiffes avantageusement ? Je le preserverai du libertinage : Je veillerai fur fes mœurs ét fa fanté... Il m'aime auffi ; car il me le dit tous les jours. Mais je ne voudrais pas l'époufer, quand tu y confentirais, Maman ! Ton Fils eft fait pour avoir un état, ét une alliance : C'eft avec plaisir, que je le verrai honoré-.

Nous étions muets, pendant ce difcours. Mad. Janus rompit enfin le silence , pour accepter la proposition de Fanchette.

Pour Rosalie , elle nous montra un beau Jeune homme du voisinage, qui consentit à profiter de tous les avantages que fesait le Vieillard , ét qui l'a épousée.

Rosalie ét Fanchette sont aujourdhui chés leur *Restauré*: Elles l'endorment, ét le bercent, par leurs propos. Toutes-deux sont heureuses à leur manière ; l'Une par l'himen , l'Autre par l'amour. Le reste des évènemens est encore sous le voîle de l'avenir.

Nota. Nous apprenons à-l'instant, que le Fils de Mad. Janus a voulu épouser Fanchette, ét que sa Mère s'est prêtée à ses desirs: Fanchette, à notre sollicitation, y a consenti.

3.me ét 4.me BERCEUSES:

ŒILLETTE, ét JASMINE.

On fait qu'Œillette eft fille de la Barone ét du Vicomte ; que Jafmine eft fille de la Ducheffe ét du Batelier : Si on l'avait oublié, qu'on revoye leurs hiftoires.

Un riche Vieillard, qui fut inftruit par nous, à dîner chés Monfieur le Père ét Madame la Mère, eut envie de les voir. Il fe rendit chés Mad. Janus, le jour même qu'elles finiffaient leur triennat de Sunamites, ét les demanda. Elles lui furent auffitôt presentées. Il fut charmé de leur figure, ét leur fit differentes queftions, dont les reponfes câdrèrent avec ce que nous avions dit. Il fit alors fes propositions, qui furent de prendre les deux Jeunesperfones, pour lui fervir de Famille, femer de fleurs ſes derniers jours, ét lui faire attendre la mort ſans ennui. La recompenſe fut de ſixmille livres de rentes pour Chaqu'une. Elles avaient deja deux-millequatrecentslivres de leurs épargnes, ét des preseus reçus. On accepta.

Il y avait trois mois qu'elles étaient chés le Vieillard, qui ſe trouvait trèsheureux, quand un malheur imprevu lui donna la mort. Œillette ét Jaſmine en reſſentirent une veritable douleur: Car il était bon, ét il leur rendait la vie agreable. Elles resolurent de ſe mettre en penſion chés Mad. Janus, ét d'avoir leur demeure particulière. Elles executèrent leur resolution; mais cette ſituation nouvelle fut encore de plûs courte durée que l'autre.

Un-ſoir qu'elles étaient aux *Italiens*, elles furent vues par deux Dames des loges. L'Une était la Ducheſſe, l'Autre

la Barone. La rare beauté de Jasmine,
ét sa figure, interessèrent la Première,
qui vint à l'amphitheatre, se placer derrière Jasmine. La Seconde en fit autant
avec Œillette. Les Dames leur parlèrent.
Les deux Jeunesfilles se sentirent de l'in-
clination pour ces deux Inconnues, deja
d'un certain âge. Elles rirent avec elles,
ét achevèrent de les enchanter. Dans
un entr'acte, la Duchesse dit à Jasmine :
—Ma Belle, étes vous fille, ét libre ?
—Oui, Madame : Je suis en pension :
J'ai huitmillequatrecentslivres de rentes. —C'est charmant !... Voulez-vous
demeurer avec moi ? —De tout mon
cœur, si je vous connaissais : Car vous
me revenez beaucoup ! ét ... je me sens
pour vous ... une certaine ... confiance.
— Há ! ma belleFille ! ce mot me flate-! &c.
La Barone disait à-peu-près la même
chose à Œillette, que la Duchesse altière
regardait, du haut de sa grandeur. Elle

proposa d'aler dans la penſion de Jaſmine.
La Barone y vint avec Œillette. On monta dans le carroſſe de la Ducheſſe , parceque Jaſmine declara, qu'elle n'y entrerait
pas, ſans ſon Amie , ét qu'Œillette , bien
plûs attachée à la Barone, que Jaſmine
à la Ducheſſe , ne voulut pas quitter ſa
nouvelle Connaiſſance.   On arriva.

La Ducheſſe fut très-étonnée, en entrant chés Mad. Janus, qui avait changé de
maiſon , depuis la mort du Medecin !
Elle la ſalua cependant d'un air affec-
tueux , ét lui temoigna , combien elle
était enchantée de Jaſmine ! Mad. Janus
lui repondit : —Madame il eſt naturel...
d'aimer ... ce qui eſt ... aimable-...   Puis
elle demanda la permiſſion de prendre
Jaſmine en particulier. Elle lui declara,
qu'elle voyait ſa Mère ; elle lui recommanda de ne pas ſe decouvrir ; mais
de ſe comporter d'après les lumières
qu'elle recevait. Jaſmine, de ce moment, fut plûs tendre.

Mad. Janus en dit autant à Œillette, relativement à la Barone. Celle-ci fut plûs ouvertement sensible: Et l'heureuse Barone, instruite en particulier, fut comblée. Elle voulait emmener sa Fille: mais Œillette ét Jasmin e devaient être inseparables; Mad. Janus appuya là-dessus. Elle redoutait encore la mechante Duchesse.

Mais elle se trompait! Lorsque cette Dernière, par un hasard singulier, eut decouvert que Jasmine était sa fille, elle l'adora. Jamais tendresse n'égala celle qu'elle eut pour cette Enfant, la seule qui lui restât: Cette tendresse reflua sur Œillette, ét même sur la Barone: Elle les a prises toutes-deux dans son hôtel, ét ces quatre Persones ont les mêmes amusemens. La Duchesse va marier Jasmine ér Œillette très-avantageusement. Puissent elles être heureuses, après une vie aussi étrange!

5.me ét 6.me BERCEUSES:

BALSAMIE, ét TUBEREUSE.

On voit que les Filles se desacouplent, pour se raccoupler autrement, en changeant de fonctions. L'on en sent la raison : C'est que les talens donnent le second état : Celles qui n'ont que des agremens, sont *Berceuses* ; Celles qui ont de la voix, seront *Chanteuses*, ét Celles qui ont de l'esprit, le talent de narrer agreablement, seront *Converseuses*. C'est le plûs beau rôle. Les Berceuses sont les premières placées.

En continuant d'aler chés Mad. Janus, nous apprimes que Tubereuse ét Balsamie venaient d'être établies avantageusement.

Un vieux Provincial, arrivé d'Amerique, avec une fortune considerable, voulait se marier en arrivant à Paris, ainsi qu'un Neveu , jeune Creole très-fot , mais auquel appartenait la moitié de l'immenfe fortune de fon Oncle , le Père de ce Neveu , frère du Vieillard , ayant beaucoup d'intelligence.

La fituation de cet Homme était fingulière ! Il avait quatre Petitsenfans, inconnus à fon Neveu. Ces Petitsenfans étaient iffus de fon Fils ét de fa Fille. Il faut favoir , que cette Dernière , née d'une Françaife de grande condition, était extrêmement belle : que fon Frère , plûs jeune de deux ans , provenu comme elle d'un commerce adulterin , pendant l'abfence du Mari de la même Perfone (commerce qui avait occasionné l'expatriation du Vieillard ét de fon Frère , le Seigneur-mari en ayant eu vent) ; que fon Frère , dis-je , parvenu à feize ans , était devenu éperdûment amoureux de fa Sœur , ét l'avait avoué à leur Père. Celui-ci adorait ces deux Enfans, parcequ'il avait adoré leur Mère, ét qu'ils étaient charmans. Il n'avait fu que repondre à fon Fils. Il lui avait feulement representé, que c'était une chose impoffible, qu'il poffedât Liffette. Mais Celle-ci aimait fon Frère, ét comptant fur l'indulgence paternelle, ils osèrent ... avoir quatre Enfans.... Le Père, dans fa douleur, aimait cependant à l'excès les petites Creatures ! il gemiffait ; mais il ne pouvait féparer deux Enfans, qui le menaçaient de mourir. Enfin, au bout de cinq ans, fon Fils, qui le voyait fans ceffe pleurer, lui dit: --Mon Père ; je me fuis remplacé auprès de vous : Je ne veux plus vous chagriner: J'ai affés vécu pour le bonheur : Combien en eft-il, qui n'ont pas été cinq ans heureux, en cent années de vie-!... Et l'Infortuné fe jeta aux genoux de fon Père, dont il baifa les mains.... Il le quitta.

Le

Le lendemain, le Père ne voyant point paraître ſes Enfans, il ala dans leur chambre, ét les trouva dans le même lit, embraſſés; mais froids. Ils étaient morts....

Il paraît qu'ils avaient pris une dose exceſſive de *laudanum*.

A ſon arrivée à Paris, le Vieillard voulut ſe marier, mais à une Femme qui reconnût avoir eu de lui les quatre Enfans, inconnus à ſon Neveu. Il ne trouva pas ce qu'il desirait. Il aurait épousé une Nègreſſe, ſi elle avait pu legitimer vraiſemblablement ſes Enfans.

Il entendit alors parler de Mad. Janus. Il resolut de louer deux Berceuses, pour en eſſayer. Quoiqu'il ne fut pas caſſé, il affeéta de l'être, croyant qu'il le falait, d'après le recit qu'on lui avait fait de l'honnêteté de Maman-Janus. Il obtint facilement Balsamie ét Tubereuse, qui furent Celles qui lui plurent davan tage, ét il les emmena chés lui, fous les conditions ordinaires.

Dès le premier jour, il leur remit à chaqu'une deux de fes Enfans; en leur difant : ——Mes Belles, voila Ceux ét Celles dont vous ferez les Berceuses-... En voyant tous les jours ces deux Jeunes-filles, il fe fentait attendri pour Balsamie. Son Neveu, d'un autre côté, en devint éperdûment amoureux. Le Vieil-lard raisonnable la lui ceda, mais à-con-dition qu'il l'épouserait, ét que Tube-reuse deviendrait fon épouse, à lui. Les deux Belles y confentirent. Tubereuse épousa le Vieillard, ét on reconnut que les quatre Enfans étaient d'elle. Ce qui étonna fort le Neveu ! mais il adorait Balsamie; il figna tout ce qu'on voulut.

Mad. Janus cependant, fesait la re-cherche des Parens, ét elle parvint à con-naître perfonellement les Mères. Cette Femme prudente, après fes decouvertes,

examinait, Si elles feraient utiles à ses
Elèves, ou non; ét dans ce dernier cas,
elle ne donnait fon resultat qu'à Celle
qu'il concernait. Si le Vieillard eût épousé Balsamie, elle aurait tout brûlé : Car
c'était fa Fille.... Après le mariage de
la Mère de Balsamie, qu'il avait bien
reconnue, il f'était decouvert à elle, ét
il en avait eu deux Enfans, fruits du
plûs violent amour. On imagine combien cette decouverte fit de plaisir à
l'Oncle, ét même au Neveu, qui n'en
aima fa Femme que davantage. Pour
Tubereuse, après fon mariage, elle vit
journellement fa Mère, qui était venue
f'établir à Paris; elle eut un Enfant du
Vieillard, ét elle eft très-heureuse.

7.me ét 8.me B E R C E U S E S:

JULIENNE, ét SANTAURÉE.

Il nous paraissait que c'était Julienne qui était fille de la Marquise, depuis que nous connaissions de vue cette Dame ét sa Femme – de – chambre : Julienne était blonde comme sa Mère ; ses traits étaient calqués sur les siens : Nous eumes la hardiesse de demander un entretien à cette Dame, ét de lui parler de sa Fille. Elle nous reçut très-bien : mais elle nia les faits, ét nous assura, qu'elle était calomniée. La Femme-de-chambre, incertaine, prise à-part, à-l'insu de la Maîtresse, avoua tout, ét temoigna le plûs vif desir de voir sa Fille : assurant qu'elle la reconnaîtrait dans centmille. Nous le lui promimes, pour le temps où Lavande serait établie.

Un riche Vieillard avait entendu par-

ler des deux Jeunes-filles de cet article ,
par les deux Hommes dont elles avaient
été funamites : Ces Vieillards caducs
en avaient d'Autres, ausquelles ils f'é-
taient attachés ; mais ils conſervaient un
ſouvenir reconnaiſſant de leurs Reſtauratrices. Le Vieillard inſtruit par Un-d'eux,
vint chés Mad. Janus , pour choiſir , ſoit
des Sunamites , ſoit des Berceuses , ſuivant que le cœur lui en dirait. Il vit
les Sunamites , à louer , ét il fut épris
de Julienne ét de Santaurée : Car c'é-
tait une règle , que ces Jeunesfilles n'a-
laient pas ſeules , chés les riches Vieillards , à - cauſe de l'ennui , qui avait
manqué d'en faire mourir Une.

M. *A. D. p.* emmena donc les deux
Compagnes , après avoir contraſté les
engajemens convenables. Ce Vieillard
avait une Fille , mariée depuis vingt ans ,
ét un Fils-unique , qui avait des Enfans.
Il était ſi vieux , que ſa Famille était

H iij

fans-ceffe chés lui. Mais comme il voulait cacher fes Berceuses, il ne la reçut plus qu'avec precaution : Ce qui donna des inquiétudes.

Un-jour cependant, par la trahison d'un Laquais gâgné, le jeune *A. D. p.*, petitfils, parvint jufqu'à fon Ayeul, au moment où Julienne, affise dans un fauteuil auprès du Vieillard (tandis que Santorée l'amusait à une harpe), en recevait les plus tendres careffes.

—Ma Fille! (lui disait le Vieillard), d'où-vient mon cœur eft-il fi fenfible pour vous?.. Ma chère Enfant! je vous dois le bonheur de mes derniers jours! C'eft une tendreffe paternelle que j'éprouve!.. Je crois revoir ma Fille, à l'âge que vous avez: mais embellie; vous êtes plûs jolie qu'elle ne l'était-.

En ce moment, le Petitfils, jeunehomme de vingtcinq ans, heurta quelque-chose, ét fut aperçu, tant du Vieil-

lard, que des deux Jeunesperſones. Son
Ayeul le gronda de le ſurprendre : Mais
il fut adouci par Julienne, qui le priait
pour le Jeune-homme. Elle était ſi belle,
ſi provoquante, que la ſimpathie agit ſur-
le-champ. **A. D. p.** ſe mit aux genoux
de la Jeune-beauté, en lui diſant : —Fée
celeſte ! je ne vous connais pas ; mais je
vous ſuis attaché pour jamais-!

Le Vieillard fit un cri-de-joie, ét embraſſa ſon Petitfils....

Depuis ce moment, la porte fut ouverte à toute la Famille. Le lendemain,
la Marquiſe de-**L**** vint chés ſon Père.
Elle vit Julienne, ét fut émue. Elle ſe
rappela ce qu'on lui avait dit de ſa Fille ;
elle la fit parler, ét la reconnut, mais
ſans le témoigner. Ce fut à ſon Père ſeul
qu'elle fit ſa confidence. Le Vieillard,
ne voyant que le bonheur de retrouver
une Petitefille, dans Julienne, en pleurait de joie. Ce fut lui qui lui propoſa

de la faire épouser au Jeune A. D. p. La Marquise le desirait fort! Mais le Père du Jeune-homme hesitait.

Dans le même temps, le Jeune-comte de-L** arriva de sa Garnison. Il vit Santorée, s'en fit aimer, ét il y parut. Le Vieillard aimait fort ses deux Berceuses! Il seconda la passion de son autre Petit-fils. Santorée accoucha d'un Fils sain ét vigoureux : Le Vieillard lui-même le presenta au Marquis de-L** son Gendre, en lui disant : —Voyez si vous voulez le rendre malheureux, le vouer à l'opprobre-? Dans un premier attendrissement, il consentit.

Le même jour, on maria les deux Couples, ét l'on en fut ensuite tout-étonné! Mais les deux Enchanteresses, accoutumées à plaire, ét stilées par Maman-Janus, firent leur cour aux Pères de leurs Maris, ét les captèrent si bien, qu'elles prirent sur eux un empire absolu. Elles

les menaient à leur gré. La Marquise
était ravie du pouvoir de fa Fille : Mais
l'Epouse de M. A. D. p. était un-peu
jalouse de fa Bru : Il y eut quelques
nuages d'humeur. Ce fut alors que Julienne, guidée par les confeils de Maman-Janus, entreprit de gâgner cette
Femme acariâtre, par fes complaisances
ét fes cajoleries. Elle y reüffit par un feul
des moyens qu'elle employa. Ce fut
de fe rendre l'*empletteuse* de la Belle-
mère-tante: Elle fe chargea de l'achat
des coîfures ét des robes : Elle la pa-
rait elle-même. Santorée en fit autant
pour la Marquise, ét en peu de temps,
elle ont été adorées. Tant il eft vrai,
qu'il ne faut que le vouloir, pour gâgner
les cœurs.

H v

9.me BERCEUSE;

JACINTE:

1.re CHANTEUSE;

ROSEBLANCHE:

1.re CONVERSEUSE;

NARCISSE:

45 ét 46.me SUNAMITES;

AUBÉPINE ét ÉPINEVINETTE.

Nous ne pouvons faire qu'un feul article de ces 5 Jeunes-perfones, quoique dans les trois ordres: La raison en eft, qu'elles font toutes avec le même Homme, le Ma-rechal. Il a choisi la modefte Jacinte, parcequ'elle lui a plu : Il a Roseblanche, parcequ'elle chante comme Mademoi-selle Renaud ; Narciffe, parcequ'elle narre avec grâce ; ét les deux Autres font fes uniques Sunamites ; mais, pour les menager, il ne les emploie que l'hiver. Ce fut Narciffe qui nous fit ce recit qu'on va lire, un - jour que nous la rencontrames chés Mad. Janus.

»—Je fuis charmée de vous voir (nous dit-elle, en nous apercevant). Savez-vous que nous fommes cinq à-demeure, chés le Marechal ? Jacinte, que vous connaiffez, mes trois Sœurs ét moi ?... Mais Jacinte va nous quitter. Les Enfans qu'ont eu fes Parens, font morts de la petiteverole, ét on eft trop heureux de la retrouver, avec toutes les preuves que Maman-Janus a confervées. Elle a un beau Parti : car fes Parens font riches ; ét l'on a dit, qu'elle avait été élevée au Couvent : On a trouvé une Superieure, qui l'affure negligemment. Comment donc ! c'eft un Homme-de-marque ! Mais que fait cela ? Elle eft une jolie-femme, ét une Jolie-femme , pleine de merite! Il n'exiſte Perſone au monde qui la ſurpaſſe. Vous n'avez pas d'idée de ſon talent pour plaire, ét pour gâgner l'eſtime ! M. le Marechal ne ſemblait l'avoir priſe, que pour nous faire admirer ſes vertus. Douce, modeſte, obligeante, excellent cœur, desintereſſée juſqu'à ſ'oublier toujours; malgré cela, économe ét ſoigneuse, elle offrait la realité de la perfection M. le Marechal a été ſur-le-point de l'épouſer. Mais il a preferé , pour elle, le ſort qu'elle va obtenir. Elle eſt toujours avec nous, parceque ſon mariage ſe traite en pourparlers. Elle va recevoir les visites de ſon Futur à la grille du Couvent-».

Voila ce que nous dit Narciſſe. Comme nous imprimons, Jaciate eſt mariée; ét il eſt impoſſible qu'elle ne ſoit pas heureuse, avec ſon caractère ét ſa beauté.

»—Roseblanche ma Sœur (reprit Nar-

ciffe), avec fa voix enchantereffe , eft
le charme de la Societé de M. le Marechal : On la lui demande de tous côtés,
pour *l'Opera*, pour les *Italiens*, même
pour les *Français*, qui commencent à
chanter auffi.   Mais ce digne Protecteur
a fur elle les vues les plûs hautes, que
vous me permettrez de vous taire—».

Elle nous les a tues effectivement ;
mais nous les avons decouvertes :   Il
faut que le Marechal foit bien enchanté
de la belle voix de Blanchette , pour
faire ce qu'on nous a dit : On affure qu'il
lui a donné le titre de fa Femme, pour
l'élever au rang le plûs confideré; tandis,
que par un excès de bonté fans exemple,
il lui donne . . . .
la realité du mariage.... Ce qu'il y a
de certain , c'eft qu'elle fera bientôt
mère... (Aurefte, nous n'exposons que
des faits :   Nous peignons ; ét d'après
nos recits, on jugera la fin du XVIIIme

fiècle, que nous ne calomnions pas : Nous nous contentons de deguiser les noms ét la condition des Perfonages)

»—Je pourrais à-present vous parler de moi (continua Narciffe); mais non ; je veux vous dire auparavant, quel eft le fort de mes deux jeunes Sœurs, que je vous ai nommées autrefois.

» Aubépine était une Enfant, lors de notre malheur : Elle l'ignore. C'eft dire qu'Epinevinette ne le fait pas non-plûs. M. le Marechal, qui les aime tendrement, parceque l'amitié peut f'étendre également à plusieurs Objets, vient d'affurer leur établiffement d'une manière ur-peu finqulière ! M. *De-M** fon Parent, avait une Fille-unique, qui eft morte. Il en fut au desespoir, ét rejeta toute fes efperances fur une Nièce, qui mourut auffi. Le Duc alors voulut mourir lui-méme ; il fe regarda comme coupable ; il dit que fon malheur f'était re-

pandu fur fa Nièce, ét qu'elle n'était
morte, que parcequ'il l'avait aimée. La
tête lui tourna: Il eſt dans un état de
preſqu'imbecillité. M. le Marechal,
guidé par fon amitié pour Aubépine ét
Epinevinette, s'aviſa un-jour de les mener
à fon Parent, ét de lui dire : —Mon
chere Duc ! ta Fille ét ta Nièce exiſtent
encore : les voici : C'eſt la raison af-
aiblie, qui te fait croire à leur mort-!
Le Duc ſembla s'éveiller ; l'excès de ſa
joie fut tel, qu'il s'évanouit. On le fit
revenir. Il demanda ſa Fille. On lui
presenta Epinevinette. —Oui ! s'écria
l'Infortuné ; la voila ! voila ma Fille-!
Aubépine s'avance : —Et voila ma
Nièce ! l'Une eſt brune... c'eſt ma Fille...
Celle-ci eſt blonde ... c'eſt ma Nièce-!
Depuis ce moment, le Duc eſt heureux
par une illusion. Il croit voir ſes Enfans:
On va lui remettre les deux Jeunesperſones chés lui, ét à ſa mort, on les ma-

riera très – avantageusement, sous des noms supposés.

» Quant à moi, Monsieur l'Historiographe, je ne suis pas à plaindre : En fesant pour ma Sœur, autant qu'il a fait, le genereux Marechal n'a pas oublié que je suis sa restauratrice, *et sa chère causeuse*, comme il m'appelle. J'ai un état assuré. Si je deviens mère, mes Enfans auront un sort, *et* de la naissance, qui est aussi necessaire que la fortune. C'est ainsi, credules Humains, que les Gens adroits se moquent de vous, de vos opinions, de vos prejugés, de toutes vos niaiseries : La Nature, en nous fesant hommes *et* femmes, nous a élevés au-dessus de toute l'Animalité : Rien ne peut nous degrader, pas même le crime. Et les Humains l'ont si bien senti, que c'est moins le crime qui flêtrit, que le Bourreau *et* l'échafaud... Je ne vous en dirai pas davantage-».

Narciffe était chés Mad. Janus avec fes trois Sœurs ét Jacinte. Je les admirai toutes-cinq, ét je fesais de profondes reflexions fur les caprices de la fortune ! Nous avoûrons, que nous ne pouvons nous defendre d'une forte de confideration pour cette Janus, malgré fon metier, en voyant le refpect, la tendreffe, la reconnaiffance que lui marquent toutes fes Filles, méme la modefte, la chafte Jacinte !

Nous n'avons jamais pu favoir au-jufte quel était le Mari de Narciffe : Soit qu'il fût trop élevé, foit que ce fût un mariage clandeftin, foit qu'il fût contracté par une Perfone non mariable, fous le nom d'Une qui l'était (ce que nous presumons), jamais Mad. Janus n'a voulu f'ouvrir, ét nous fommes obligés de laiffer cette lacune à notre hiftoire.

———————

10.me ét 11.me BERCEUSES:

AUTOMNETTE, ét LISERONE.

Ces deux Jeunesperfones fe reünirent, pour être Berceuses, non d'un Homme, mais d'une Femme très-riche, qui f'éprit, pour Automnette, de la plûs tendre amitié. Cette Dame fit deux bonnes actions; elle obligea Printanière, la coufine, de garder toute fa fortune, ét l'empêcha de prendre Liserone avec elle, lorfqu'elle fe maria; en lui reprefentant, combien il était dangereux de mettre dans un Menage, un fujet de tentation auffi grand, que les charmes d'Automnette. Cette raison fut ce qui determina la Dernière fe feparer de fa tendre Amie.

Quant à Liserone, fille de la Boffue, la Dame, nouvelle Protectrice, promit de la dedomager de la fucceffion de fa Mère, qu'auffi bien elle n'obtiendrait pas de la loi : Elle ne voulut pas même qu'on avertît les deux Sœurs, la Mère de Soucie et celle de Liscrone, de leur maternité : Elle fit sentir à Mad. Janus, que c'etait porter la desunion dans une Famille , alors très-unie ; le Neveu ét les deux Nièces étant d'aimables jeunesgens , pleins de merite ; que puisqu'on reparait les torts de la nature envers les Enfans-naturels, il falait abandonner aux trois Autres les avantages que la loi leur assurait. Ces considerations ne produisirent pas entièrement leur effet sur Mad. Janus, un-peu entétée de son naturel, ét qui voulait punir la Sœur-aînée de son avarice. Elle se tut neanmoins.

Cependant la Dame-protectrice cherissait ses deux Pupiles, qui l'endormaient, le soir, par les Contes qu'elles lui fesaient des histoires de toutes leurs Compagnes. Elle les adopta pour ses Filles, ét leur chercha des Partis sous ce nom glorieux.

Comme elle avait changé d'hôtel, ſes nouveaux Voisins du Marais, la crurent mère des deux Belles.   Un Voisin, qui avait pour Fils, un petit Parisien très-nigaud, nouvellement decoré d'une charge, vint chés la Dame veuve, pour lui demander une de ſes Demoiselles. —Laquelle, Monſieur ?   —Mais, Madame, celle que vous voudrez : mon Fils n'a pas de volonté. —En-ce-cas, Monſieur, je vous declare deux choses ; que je donne à ma Fille , quinzemille livres de rentes, pour tout, ſans autre eſpoir, ét que je vous accorderai Celle qui choiſira M. votre Fils—... Le Père accepta, en donnant les marques de la plûs vive reconnaiſſance.

Dès le lendemain, il amena ſon joli Nigaud, en belles manchettes-de-dentelles, frisé, bien parfumé, ayant des boucles d'une largeur ! d'un éclat !... Automnette ét Liserone étaient avec leur Mère adoptive.

Après les falutations, la Dame-protectrice a dit au Jeunehomme : —Monfieur, on m'a dit, que vous étiez indecis, entre mes deux Filles : C'eft donc à elles à vous choisir ?   A la fin de votre visite, je leur demanderai leur fentiment. —Hà ! Madame ! (dit le Père), que je voudrais être à la place de mon Fils !   Il fera fûr de ne pas deplaire, ét c'eft un fi grand bonheur, de la part de l'Une ou de l'Autre de ces Belles-perfones-! Le Fils pirouetait, ét fe careffait devant les glaffes.   Il eft vrai qu'il n'avait que vingtdeux ans; c'eft à Paris, l'âge fuprème de la fatuité pour les Sots; Quelques - uns cependant, font encore plus fots à trente.... On causa :   Le Fic dit des riens :   Son Père, homme de quarante ans, dit des choses.   Il parla de feue fon Epouse. —Vous êtes donc veuf, Monfieur ? (dit la Dame-protectrice). —Oui, Madame, ét voila mon Fils - unique-..... On continua. Le Père ét le Fils ne s'ennuyaient pas : mais l'heure les renvoyait. Le Père le sentit : car pour le Fils , il ne sentait rien , que son merite.

-Madame! (dit le Premier), avant de sortir, pourrais-je savoir, aujourdhui, laquelle de ces deux charmantes Persones j'aurai le bonheur d'avoir pour bru? --Nous alons deliberer- (dit la Dame en riant).

On delibera. Puis les deux Jeunes-persones rentrèrent chaqu'une dans leur chambre. La Dame appela le Père.

—Monsieur.. J'ai une singulière chose à vous dire! —Hé! madame! vous m'effrayez! —Mes deux Filles ... ne goûtent pas... votre Fils. —Je m'en serais douté! —Mais ... toutes-deux ... vous choisiraient .... si vous étiez à choisir! —Juste Ciel ! (s'écria le Père , avant que la Dame eût achevé)... Hâ ! madame! je suis à Celle qui voudra de moi ...

Mais que l'Autre prenne mon Fils ! —A
ce prix, je crois qu'on le prendra : Elles
s'aiment si tendrement toutes-deux,
qu'il suffira que la vôtre en prie sa Sœur...
Mais voyez Celle que vous choisissez ?
—Moi, choisir !... Hâ ! madame à
mon âge, il est trop doux de l'être !
—Voyons donc Celle qui vous aimera
le plûs-. Elle rentra, ét aubout d'un
demi-quart-d'heure, elle revint avec
Autoinnette. Le *Quarantedeuxenaire*
crut que c'était Celle qu'on voulait lui
donner. Mais la Dame lui dit : —Il
vaut mieux donner cette grande Fille,
saine ét vigoureuse, à votre Fils ; elle
le dominera plùs aisement, malgré sa
douceur, que la delicate Liserone, qui
dailleurs, est plùs votre admiratrice-.
Le Quarantedeuxenaire baisa la main de
la Dame, ét passa auprès de Liserone ;
tandis que la Dame-protectrice disait au
Jeunehomme : —Monsieur, je vous af-

fure Automnette : Elle ne vous a pas choisi ; c'eſt moi qui vous la donne-. Le Jeune-fat fut ſi frappé de l'éclat de la Belle-brune, qui rougiſſait , en voilant ſes grands ieux noirs , par des paupières dont les cils deſcendaient au-milieu de ſes joues de rose, qu'il ſ'oublia un inſtant , pour ſonger à elle.

Cependant, on ſ'arrangeait dans l'autre pièce, ét les mariages ſe decidaient. On invita les deux Hommes à ſouper. La ſoirée fut delicieuse, ét en ſortant de la maison , le Fat aimait Automnette preſqu'autant que lui-même.

Paſſons au denoûment.

Le jour des articles, veille de la celebration , il falut decliner les noms : La Dame-protectrice donna les veritables, ét avoua que les deux Belles n'étaient que ſes Filles adoptives ; que les Parens de Liserone était abſolument ignorés, ét que l'on connaiſſait Ceux d'Automnette. Le

Père

Père fut un peu étourdi: mais le Fils lui demanda, Si la dot était nulle ? Sur la reponse affirmative, il declara, qu'il se marierait. Le Père était trop épris de Liserone, pour retrograder : Ainsi, grâces à l'adresse ét à la generosité de la riche Dame, ses deux Pupiles furent épousées.

Mais on ne s'en repentit pas. A-peine le riche Oncle d'Automnette fut-il instruit, par le Billet d'invitation, du sort heureux de sa Nièce, qu'il accourut avec sa Sœur : Ils augmentèrent la dot, ét assurèrent la moitié de leur succession à Automnette, qu'ils cherissent depuis ce moment. La Tante Coquette est enchantée de se trouver dans une maison honnête, dont elle peut tirer vanité parmis ses Connaissances considerées.

<hr>

II Partie. I

12, 13, 14, & *15.*me BERCEUSES:

BARBEROSE, & *TULIPETTE,*

FRAMBOISINE, & *PÉCHETTE.*

45.me SUNAMITE:

REINECLAUDE.

Un Homme puiſſant, & très-âgé, qui avait entendu parler des merveilles qu'operait Mad. Janus, avec ſes Pucelles, lui rendit une viſite, pour ſ'informer de la verité. La Reſtauratrice lui dit naïvement ce qu'elle feſait, & que ſa doctrine était fondée ſur les profondes connaiſſances d'un celèbre Medecin. L'Homme en-place l'ayant très-attentivement écoutée, deſira de voir ſes Elèves. Mad. Janus les fit entrer dans le ſallon. Le Monſieur les conſidera, & fit choix, pour *Berceuses,* de Barberose, de Tulipette, de Framboi-

sine, ét de Pêchette, qui étaient les
seules qui restassent pour cet emploi.
Les Autres étaient des *Chanteuses*, ét des
Converseuses. Puis voyant qu'Une plùs
jeune que les Autres se tenait à-l'écart,
il la fit approcher. Mad. Janus lui dit,
que cette jolie Enfant se nomait Reineclaude, qu'elle était sœur de Barberose
ét de Tulipette, mais qu'étant encore
impubère, elle achevait son éducation.
L'Homme-en-place pria qu'on la lui re-
mît, avec ses deux Sœurs, sous la conduite desquelles Reineclaude resterait.
Mad. Janus le voulut bien, ét le Monsieur emmena les cinq Elèves, qu'il lo-
gea dans son hôtel.

Ce fut quelque-temps après que nous
revinmes chés Mad. Janus, un-jour que
les cinq Eléveslui rendaient visite. Nous
priames l'aimable Barberose, qui nous
parut la moins timide, de nous faire la
suite de leur histoire. Elle y consentit
avec grâce.   I ij

» — Vous savez, Monsieur, que Framboisine est fille d'une Nièce de Curé, qui l'a perdue aux *Tuileries* ; que Péchette est née d'une Femme assaillie par des Voleurs ; que mes Sœurs Tulipette, Reineclaude ét moi , nous sommes nées d'un Marchand ruiné. Un triste avenir nous attendait également toutes-cinq, si Maman-Janus ne se fût trouvée au monde pour nous secourir. C'est notre Ange tutelaire. Je vais commencer par mon histoire.

» Je n'eus pas été deux mois chés notre Protecteur actuel, que je m'aperçus que j'étais observée par un beau Jeunehomme , qui passait tous les jours sous nos fenêtres. Celle de mon cabinet d'études donne sur le boulevard : Le Jeunehomme l'a remarqué, ét il vient tous les soirs y chanter des paroles qu'il a composées , par lesquelles il m'exprime ses sentimens. J'en parlai à notre Protecteur dès

les premières foirées. On le guetta, ét
un-foir, on le faisit, ét on l'amena devant le Maître de l'hôtel. Nous étions
toutes - cinq dans la falle, habillées de
la manière la plus brillante.

» M. le Duc demanda au Jeunehomme,
ce qu'il pretendait, en exprimant fous
les fenêtres du cabinet jaloufié de tendres
fentimens, fort ingenieusement tournés?

» Le Jeunehomme repondit, Qu'il étoit
amoureux paffionné. Dès les premiers
mots, nous reconnumes qu'il étair anglais. M. le Duc en fut plus indulgent.
Il demanda, qu'il designât Celle qu'il aimait? L'Anglais vint mettre un genou
devant moi. —Bon ! voila un ancien
Chevalier, refpectueux envers les Belles!
(l'écria M. le Duc)... Que pretendez-
vous ? (ajouta-t-il). —L'obtenir pour
femme : Elle eft blonde ; on la croira
anglaise : mais elle n'en a pas la fadeur :
elle eft vive ét femillante comme une

Brune. —Qui êtes vous ? (reprit M. le Duc). —Le Fils d'un riche Marchand de la Cité de Londres. —Ayez le confentement de vos Parens ; que je fache le fort que ma Fille aura , ét je vous la donne... En-attendant, je vous permets de lui parler à chaque-fois une demi-heure , en ma presence , après le dîner , auquel je vous invite pour tous les jours, où je ne mangerai pas en ville : Mon Suiffe vous dira fi j'y fuis... Et fur-le-champ, Monfieur, je vous donne votre demi-heure première–. Le Jeune Anglais remercia ; ét vint auprès de moi.

» Nous caufames. Il me dit les choses les plûs tendres , les plûs flatteufes. Je lui repondis avec politeffe , fouvent interdite de fes éloges...

» Que vous dirai-je ? depuis ce moment, je le vois tous les jours : Tous les foirs, il vient chanter fous mes fenétres ce qu'il fent pour moi , ét M. le

Duc lui-même prend plaisir à l'entendre. Hier, il a reçu le confentement de fon Tuteur, ét la preuve d'une fortune de mille livres fterling de revenu. Je fuis venue avec mes Compagnes, prevenir Maman-Janus, qui doit me fervir de feconde Mère, ét qui amènera la mienne à mon mariage ».

Voila pour moi : Je vais maintenant vous parler de ma Sœur Tulipette ; à-moins qu'elle ne veuille raconter elle-même.

—Mais oui ! (dit Tulipette) : Monfieur ne m'interdit plus autant qu'autrefois ! Et puis, il faut bien m'accoutumer à parler.

» Je vous dirai, Monfieur, que j'ai auffi un Amant. M. le Duc l'a bien voulu ; parcequ'il prefère notre avantage, à fon amusement. Mon Amoureux eft efpagnol. Il fut furpris de voir l'Anglais faire l'amour à la manière

de Madrid, ét il l'épiait, fans être vu.
Lorfque l'Anglais fut pris, l'Efpagnol
attendit qu'il fortît, ét le voyant très-
gai, il voulut auffi fe faire prendre, mais.
d'une autre manière. J'étais Celie qui
l'avait charmé : il ne connaiffait pas la
Maîtreffe de l'Anglais ; il craignit une
rivalité. Il vint dans la maison. Le
Suiffe lui demanda, ce qu'il voulait ?
—Parler à une de ces Dames, mise
de telle manière. —C'eft Mad. Tuli-
pette-! (lui dit le Suiffe). Un Laquais
furvint. Le Suiffe lui dit tout-bas, de
mener ce Monfieur au Duc, ét de lui
dire, qu'il demandait Mad. Tulipette.
Le Laquais conduisit l'Efpagnol jufqu'à
l'antichambre, où il le laiffa, pour aler
avertir fon Maître. M. le Duc prit auffitôt fon parti, qui fut de m'avertir, é
de me faire recevoir la visite du Jeune-
étranger. J'étais parée: mais on redou-
bla mon éclat; on me fit affeoir fur une

chaise-longue, et après m'avoir donné
l'air de dééssé, on introduisit l'Espagnol
dans un boudoir éclairé de vingtcinq
bougies. J'étais dans l'attitude la plûs
imposante, les pieds sur un petit tabou-
ret bas, de velours cramoisi, garni de
brillans. Le Jeunehomme fut ébloui.
Ce ne fut que timidement qu'il vint jufqu'à moi. Il s'inclina : Je lui fis signe
de s'asseoir. Tout m'était prescrit par
M. le Duc.

»—Est-ce une Fée ? est-ce une Mortelle que je vois-? (dit l'Espagnol). Je
ne repondis rien. —Daignez me parler?
—Je ne sais qui vous êtes (repondis-
je): Pourquoi venez-vous ici ? —Pour
vous offrir mon hommage respectueux.
—Pour l'accepter, il faudrait vous connaître ? —Je suis un bon *Hidalgo* de
Castille : J'ai une fortune considerable.
Un Anglais chantait sous les fenêtres
d'un pavillon de cet hôtel ; il a été pris

hièr, ét il est forti content. —C'est qu'il a parlé comme il conyenait, au-fu-jet de ma Sœur. —De votre Sœur, madame! Hà! je fuis trop heureux! »—Si fon bonheur vous touche aufli fort, vous devez être un fincère ami? —Ce n'est pas fon bonheur, c'est le mien, qui me touche! Je craignais ce Cavalier pour rival... Belle Dame! daignez me dire, fi je puis efperer, fuppofé que je le merite-?

» Ici, M. le Duc entra, fuivi de mes Sœurs, ét de mon Amie.

»—C'est à moi qu'il faut demander une reponfe-! (dit-il à l'Efpagnol). Le Jeunehomme f'inclina profondement, ét dit au Duc: —Monfieur! prefcrivez-moi ma conduite, ét je vous obeïrai... —Vous êtes ici venu de vous-même: Quel est votre but? —D'obtenir la main de cette belle Perfone, fi je ne fuis pas trop audeffous d'elle. —Etes-vous decidez à l'épouser , quelle qu'elle foit ? —Oui , Monfieur. — Je vous l'accorderai , fi je m'aperçois , que vous pouvez la rendre heureuse. Vous lui parlerez tous les jours une demi-heure, en même-temps que l'Anglais à fon Aînée, ét vous dînerez ici, lorfque j'y ferai-.

» L'Efpagnol fut comblé de joie. Nous causames familièrement une demi-heure, ét il fe retira enchanté. Il y a huit jours qu'il a reçu tous les papiers neceffaires: Demain, il m'époufera, aux pieds des mêmes autels, où l'Anglais recevra la main de ma Sœur Barberose-».

—C'eft le tour de Framboisine! (dit Barberose): Veut-elle conter ?

—Il le faut bien (dit cette Jolie-perfone, ou je pafferais pour une Niaise , qui ne fait pas f'exprimer.

» Je ne parlerai pas de ma naiffance , que vous connaiffez : je fus jetée fans Parens fur la furface de la terre. Mais

I vj

auſſi, je n'ai pas à craindre le deshonneur communiqué.   Je ſuis à moi-ſeule toute ma Famille, ét mes propres actions peuvent ſeules m'honorer, ou me couvrir de honte.   C'eſt un avantage ; car je ne veux en faire que de bonnes.

-» Nous alons ſouvent aux *Italiens.* C'eſt un ſpectacle charmant , par les pièces, les Acteurs, les Actrices , ét la muſique.   On peut lire, chés ſoi, les pièces des Françaiſ, avec autant de plaiſir qu'à la repreſentation: mais il faut voir jouer Celles des *Italiens* ; il faut entendre un *Courcelle* , un *Granger* , une Mad. *Verteuil* , alleger le Drame de ſa peſanteur, ét la remplacer par l'énergie : une Mad. *Dugazon* , une ſublime *Renaud* , une aimable *Saintaubin* , une ſeduiſante *Carline* , une Mlle *Adeline* , une Mlle *Desbroſſes* , &c. ôter à l'ariette ſon inſignifiance ét ſa nullité. Un-ſoir que nous étions, toutes-cinq dans les loges ſur l'am-

phitheatre, parceque M. le Duc occupait
la sienne avec des Dames, ét encore parcequ'il se fait un devoir de payer souvent nos plaisirs, pour l'avantage du
spectacle ; un-soir, dis-je, il vint derrière nous une Dame, avec un Homme
d'un certain âge. Nous nous serrames
aussitôt, pour donner à la Dame la place
d'honneur. Elle l'accepta, en nous remerciant beaucoup. J'étais presqu'à l'autre extremité de la loge. Elle avait sans-
cesse les ieux sur moi. —Quelle est cette
aimable Demoiselle ? (dit-elle à Barberose, sa voisine). —C'est ma Compagne. —Mondieu! je ne saurais detour-
ner mes regards de sur elle!.. Je devrais
avoir une Fille de son âge , ét de sa figure: mais la mort me l'a enlevée à douze
ans.... Quî est-elle ? —C'est une or-
feline. —Pardon ! mais je vous avoue-
rai, que c'est pour elle que je suis venue
dans cette loge.... C'est la place des

Filles... Pardon ! pardon !... Mais ....
le ferait-elle ?   —Non, Madame, nous
fommes de Jeunes - perfones honnétes,
mais dont la fituation eft très-extraor-
dinaire ! —Mais honnétes ? —Oui, Madame. —Elle eft orfeline, independante;
elle n'a Perfone ?   —Perfone, que des
Protecteurs. —Hà! Bondieu!... fi j'avais
le bonheur !.. —Dans l'entr'acte, nous
changerons de place, ét vous lui parlerez. —Hâ ! Mademoiselle! je vous aurai bien de l'obligation-!

» L'acte ayant fini, Barberose vint
auprès de moi, ét me prevint. Nous
changeames de place, ét je me trouvai
auprès de la Dame. Elle me temoigna
la plûs vive amitié; elle me devorait des
jeux, me preffait les mains. Je lui fis
mon hiftoire, pendant la Pièce. Elle
paraiffait tranfportée. Elle vint le foir
même chés M. le Duc, ét elle lui proposa de m'adopter. Ce digne Protecteur

y confentit. Je fuis adoptée depuis un mois, ét je demeure chés ma nouvelle Maman, qui eft très-riche. Elle m'a trouvé un Parti, que j'aime, parcequ'il en eft digne, ét je ferai mariée aprèsdemain. Je venx affifter au mariage de mes Sœurs. Car toutes les Elèves de Maman-Janus fe donnent ce nom, ét plûs particulièrement Celles qui ont des rapports entr'elles. Voila où j'en fuis, Monfieur-».

Nous admirames la varieté des Avantures de ces Filles : nous trouvions du plaifir à les entendre, ét nous ne doutons pas qu'elles n'en faffent autant au Publiq, à la lecture, que nous en avons pris à les écouter.

C'était le tour de Pêchette. Elle f'approcha en rougiffant. —Veux-tu que je conte ? (lui dit Barberose)—Non, non ! tu te permettrais des plaisanteries..

» Monſieur (ajouta la jolie Pêchette), mon Avanture eſt poſterieure à celle de Framboisine. Vous ſavez comme je ſuis née : Il falait que tout ſe reſſemblât.

» Un-jour, une Dame un-peu degigandée, ſe presenta chés M. le Duc, demandant à lui parler. Elle paraiſſait environ quarante ans. Elle fut introduite. —Monſieur le Duc ! (dit-elle, en fesant une reverence gaûche), vous avez chés vous une Elève de Mad. Janus, appelez Pêchette ? —Oui, Madame. —C'eſt, Monſieur le Duc, que je ſuis ſa mère. —Je vous en felicite, Madame. —Hâ ! Monſieur le Duc ! ſongez par quelles angoiſſes j'ai dû paſſer !... car vous ſavez tout ? —Oui, Madame, ét je vous plains bien ſincèrement ! —Hâ !... Vous ſentez, Monſieur le Duc, que je ſuis ſeule en état de lui dire quel eſt ſon Père? —Et comment pouvez-vous le ſavoir ? —Hâ ! Monſieur le Duc ! ſi vous étiez femme, vous fauriez cela... Dans les vingthuit, tous n'étaient pas Soldats.... Il y avait un jeune Enfeigne, beau comme l'amour.... Vous fentez-bien, Monfieur le Duc, qu'une Femme ne refifte pas à ces chofes-là ?... Je fus fenfible, un inftant.... Rien après... De vilains Soldats, plus brutaux... qui ne caufaient que de la douleur ... à une Femme delicate... Car j'étais, Monfieur le Duc... J'aurais tenu là... (montrant fes dix doigts en étreinte). —Vous étiez femme de Fermier ? —Eft-ce qu'une Fille de Fermier, qu'épouse un Fermier, ne peut pas être delicate, Monfeigneur ? —Si, fi.... Voyons. —Je voudrais voir votre Pêchette : fi elle reffemble à fon Père ; il n'y a pas de doute. —Vous ne l'avez-donc jamais vue ? —Non, Monfieur le Duc. —Hé-bien, elle va paraître; mais avec fes cinq Compagnes ; ét vous la demêlerez ? —Bon ! bon ! je m'en tromperai moins-.

» On nous fit toutes paraître à-la-fois
dans le sallon. Dès que la Degigandée
m'aperçut, elle courut à moi, en s'é-
criant : :: Voila, voila ma chère Fille !
la voila ! Elle ressemble à son Père
comme deux gouttes - d'eau-! M. le
Duc me demanda , Si j'avais jamais vu
cette Dame ? Je repondis, que c'était la
première fois. Il la crut, ét la felicita,
en lui fesant mon éloge. Ma-Mère me
fit beaucoup de caresses , ét me promit
de me montrer mon Père, qu'elle nomma. —Comment ! (dit Monsieur le Duc)!
il a été tué , ces jours-ci. —Tué !
tué ! (s'écria la Dame). Hâ-ciel !....
Le sort me poursuit !... Tué ! tué !.....
ma chere Fille ! tu n'a plus que moi-!...
—J'ai un excellent Protecteur! (repondis-
je), ét Maman-Janus. —Oui, oui; mais
je veux dire , que tu n'as plus que ta
Mère.... Alons , alons , j'ai quelque-
chose : Je t'assurerai tout , si Monsieur

e Duc veut me permettre de te marier.
—Je fongeais à l'établir (repondit notre
Protecteur).

» Ma Mère, après une longue visite,
'en-ala. Le lendemain, il vint, de fa
art, un affés Bel-homme, âgé de trente
ns, qui me demanda. On le presenta
u Duc, auquel il donna une Lettre de
reance, de ma Mère, comme étant le
Parti qu'elle me deftinait. Il me parut
affés aimable, ét Monfieur le Duc lui-
même le goûta fort. Il fe nomma : c'é-
ait un bon gentilhomme de Normandie,
un-peu braq, il eft vrai, mais eftimé.
generalement. Il était devenu amoureux de moi, en me voyant du boulevard, prendre l'air, dans le jardin de
l'hôtel : C'eft lui (nous dit-il), qui m'a-
vait rappelé au fouvenir de ma Mère, ét
qui l'avait engagée à la demarche qu'elle
avait faite la veille. On l'écouta. Il fut
accepté, fauf les informations.

» Le lendemain, ma Mère revint. Elle demanda au Duc la permission de me conduire chés quelques Parens, qu'elle ne voulait pas nommer. On lui accorda sa demande. Elle me conduisit dans deux maisons, chés Mad. la Barone de-**, qui m'examina très-curieusement! étchés une Vicomtesse, qui m'accueillit très-bien. Je ne concevais pas que ce fûssent-là des Parentes de ma Mère. Cependant on la nommait ma Cousine. Elle me ramena le soir.

— » Quelques jours s'écoulèrent, au bout desquels, je fus de-nouveau redemandée par ma Mère. On me confia plus facilement encore. Nous soupames chés la Vicomtesse. Ma Mère me ramena chés elle, ét me proposa de coucher. Je ne voulais pas. Elle envoya, devant moi, dire que je couchais. Une observation, que j'avais faite, c'est que ma Mère aimait un-peu le vin, pour une Femme. Je couchai dans sa chambre, mais non pas avec elle. J'eus le grand lit. Ce qui m'étonna. Je dormais mal... Enfin, je succombai au sommeil... Je m'éveillai dans les bras d'un Homme!...

» Je m'écriai!... L'Homme s'enfuit, ét ma Mère s'éveillant, vint à mon secours.... Je ne pus m'empêcher de lui faire des reproches. Elle me protesta qu'elle n'avait introduit Personne. Je me levai ... bien-affligée de mon malheur...

» Je m'en retournai au jour, ét je ne cachai rien à notre Protecteur... Il fit saisir la Dame... C'était mon Amant!... Mais son projet de m'épouser étant réel, on a tenue la chose secrette. Tout est prêt: Je serai mariée demain, au même instant que mes Amies.

» Quant à ma Mère, c'est une bonne

Fermière : Elle a dit une partie des choses que vous avez entendues, fur mon origine : mais elle ne fonge pas à moi ; on ne lui revelera peutêtre jamais mon exiftance ».

Nous fumes très-contens du recit de Péchette, & nous le lui temoignames. Il ne reftait plus que Reineclaude à parler.

L'hiftoire de cette Jeune-beauté fut courte. Comme elle était abfolument neuve, & qu'elle n'avait encore été la Sunamite de Perfone, le Duc qui la voyait tous les jours embellir, lui a propofé de f'attacher uniquement à lui, après le mariage de fes Sœurs ét de fes Compagnes. Reineclaude, qui voit le Protecteur adoré, f'eft fait illusion à elle-même : elle croit avoir de l'amour pour lui, ét cette heureuse erreur a tellement flaté le Duc, qu'il fe propose de lui donner le titre de fon Epouse. Mais le mariage fera fecret pour le Publiq, & ne fera connu que des Enfans des deux premières Femmes du Duc, afin qu'ils aient plûs de confideration pour la jeune-Perfone, que fi elle était une fimple Sunamite. Reineclaude eft vive, femillante : Elle eft vivement defirée d'un Petitfils du Protecteur : Peutêtre arrivera-t-il quelqu'avanture, qui empêchera le mariage...

Si nous apprenons quelque chose durant l'impreffion, nous en rendrons compte à nos Lecteurs, *ad calcem libri.*

Le Jeunehomme a été dedaigné de Reineclaude : C'eft un phenomène ; mais il faut dire la verité, même invraifemblable... Elle a refufé routes fes propositions.

II.d ORDRE.

LES CHANTEUSES.

Nous alons comprendre, sous cette denomination, toutes les Exsunamites, qui ayant de la voix, font aujourd'hui dans le monde le rôle de Musiciennes: On connaît encore des Femmes celèbres, qui ont fait autrefois le rôle de Chanteuses. C'est une profession très-honorable! Nous le voyons par ses effets: Le chant mène à tout: Nous pourrions en citer plûs d'un exemple. Aussi rien de plûs interessant, qu'une Virtuose, dont la voix melodieuse semble être un écoulement de la beauté de son âme!.... Voici la liste des Exsunamites du II.d Ordre d'Amuseuses.

Violette ét *Giroflée* ; *Lilette* ét *Pensée* ; *Soucie* ét *Genetine* ; *Muscadine* ét *Grenade* ; *Piédalouette, Abricote* ét *Felicité.*

2.de

2.de ét 3.me CHANTEUSES:

VIOLETTE, ét GIROFLÉE.

L'usage de Mad. Janus étant d'envoyer toujours ſes Elèves deux-à-deux, nous nous y conformons.

Il y a maintenant à Paris un Vieillard, tellement en goût de la musique du Theatre *Italien*, ét de la voix roſſignolante d'eM lle *Renaud*, cette inimitable Virtuose, qu'il avait prit en degoût le boire ét le manger; il n'avait plus des ſenſation que par les oreilles. Dès qu'il était à table, à-peine avait-il goûté un mets, qu'il ſe levait, courait à ſon forté-piano, ét ſolfiait un air de table, ſoit du *Roi-ét-le-Fermier*, ſoit du *Tableau-parlant*; &c. Il revenait à table, ét ne goûtait à rien. —Renaud! celeſte Renaud! ſ'écriait-il), vient m'enchanter-! Sa Famille, à laquelle ſa conſer-

vation importait beaucoup, était au-desef-
poir. On invita Mlle Renaud à venir le
calmer : Mais cette jeune Cantatrice,
auffi vertueuse qu'elle eft harmonieuse
ét belle, ne crut pas apparement devoir
fe rendre à de pareilles invitations. Il
falut f'intriguer (*).

Ce fut alors qu'on decouvrit Mad. Janus, cette Femme fi utile aux Gens qui ne
le font plus... On accourt chés elle. On
lui demande fes Muficiennes : Elle en
fait paraître XII. Quelle fut la furprise ét la joie du Deputé de la Famille alarmée, quand il decouvrit, parmi ces Jeunes-beautés, une figure fi
parfaitement reffemblante à la Cantatrice roffignolée, qu'on pouvait la
prendre pour elle ! —Hâ ! Mademoifelle !
(lui cria-t-il), chantez ! chantez-¿
Giroflée chanta, ét l'on crut entendre

(*) Nous ne garantiffons pas ce fait.

la celeste Renaud!... Transporté de joie,
le Deputé de la Famille du Vieillard fit
ses propositions, qui furent acceptées.
Mais la Maman-Janus lui signifia que Giroflée n'irait pas feule, ét qu'il falait qu'on
lui choisît une Compagne. —Volontiers!
(s'écria le Deputé): Abondance de
biens ne nuit pas-! Il chercha parmi les
Jeunes-beautés. L'Une d'elles, qui se
tenait à-l'écart, parcequ'elle esperait de
rentrer bientôt chés ses Parens par notre
moyen, Violette, se trouva ressembler
parfaitement à Mad. *Dugason*: non pas
à cette Artiste laide, au visage dur,
hideux, mais à cette Fée qui enchante
au theatre, ramenée à dixsept ans, mille-
fois plûs aimable que jamais ne le fut
Mlle Lefèvre. Le Deputé la pria de
chanter. Elle le fit. Ce fut la voix de
l'Actrice, mais plûs pure, plûs touchante, n'ayant pas ce grasseyement pâ-
teux qui gâte l'organe, ét que Mad. Du-

gason est parvenue à faire oublier (*).
—Ciel ! (s'écria l'Envoyé), voici
nouveau Tresor !.... Hâ ! Mesdemoi-
selles ! venez, venez sauver la vie ét l'ap-
petit à mon Bienfaiteur-!

Mad. Janus plaida si bien la cause du
Vieillard musicomane ét *Renaudimire*
(nous forgeons des mots sans scrupule,
à l'exemple de *Ciceron*, qui disait *d'An-
toine*, qu'il *syllaturisait*), qu'elles
consentirent à venir, le jour même, à
dîner. Le Vieillard, maigre, exte-
nué, alait se mettre à table, pour en
sortir à vide. Un rideau de tafetas rose
cachait le forté-piano, quand tout à-
coup, il entend une voix douce, qui lui
chante cette ariette, d'une pièce non-
encore jouée, musique d'*Aleirac* :

Violette.

Depuis l'heureux instant

(*) Il fut un temps, où l'on s'exposait à
une Lettre-de-cachet, en parlant ainsi d'une
Chanteuse ; mais nous ne les craignons plus.

Où j'ai vu Rosalie ,
Je ne fuis plus content
Qu'autant
Que fon aimable folie
Repand
Sur ma vie
L'ambroifie
De l'amufement !
Ennoblie
Par fon talent ,
Cette Nimfe jolie
Multiplie
Le raviffement:
Elle allie
Cette melancolie
Du fentiment ,
A l'enjoûment ;
Et la faillie ,
L'égarement
De l'orgie
Au doux enchantement
De l'attendriffement.

Je l'adore ,
Et cette belle main
L'emporte fur celle de Flore ;

Quand l'Aurore
Ouvre les portes du matin!
C'eſt d'Elle que j'implore
Un plûs heureux deſtin!
Mon âme était aſſoupie
D'une mortelle langueur,
Une Epouse trop unie
M'affadiſſait le cœur!
Rendez-lui ſa vigueur,
Son ancienne énergie,
Par un peu de lubie,
Mais ſans trop de rigueur!
Giroflée.

Pour l'Amant qui m'engage
Je prendrai le langage
Que mon cœur m'a dicté.
Vous n'êtes point volage;
Fidèle à la Beauté,
Si votre cœur eſt arrêté
Dans une chaîne nouvelle,
Ce n'eſt pas qu'il ait quitté
Celle qui dut être éternelle:
Votre Femme de nouveauté
Envers vous ſeule eſt coupable;
Elle a ceſſé d'être ſemblable
A Celle qui vous charma:

Elle connaît son tort, ét change,
En vous rendant l'Objet que votre cœur aima.
Ainsi, ne trouvez pas étrange
Que de votre côté votre Epouse se range.
Et vous laisse brûler du feu qu'elle aluma !
Elle veut que votre tendresse
Se lasse d'un nouvel amour,
Pour être nouvelle à son tour :
Et revenant, par ce detour,
Au cœur qui l'interesse,
Elle prend le plûs court.

—Avalez ce potage ! (lui dit-on, en le retenant sur sa chaise), où la musique cesse, ét la Chanteuse disparaît-! Mais il ne put manger. On lui dit alors que deux belles Actrices vont venir se mettre à-table, s'il promet de manger ? Il s'y engage. Le rideau s'ouvre, ét les Belles paraissent. —Mademoiselle Renaud ! s'écrie le Vieillard) ! ér... Mad. Dugason !... Hâ ! Divinités ! venez, venez enbellir ma table-! Les Belles s'y assirent en rougissant. —Je vais manger-(leur dit-il).
En-effet, à-peine furent-elles servies,

qu'il falut le moderer , depeur qu'il ne s'étouffât : Il leur enlevait ce qu'elles avoient touché. Un morceau mordu leur était ravi sur-le-champ. On craignit pour son estomac.

Depuis ce moment , les deux Belles, chantèrent, mangèrent , reçurent des presens, ét furent adorées. Giroflée est recherchée aujourdhui, par un excellent Parti. Quant à Violette , nous avons enfin decouvert, qu'elle est fille du Notaire. C'est avec precaution, que nous instruirons ses Parens : Nous leur dirons tout, parcequ'ils le sauraient malgré nous : mais nos menagemens adouciront le coup, ét la pureté, la vertu de leur Fille achèveront d'effacer toute impression desagreable. Le bonheur le plûs pur attend les deux jeunes Musiciennes. Nous avons montré hièr Violette à la Femme du Notaire, sans la lui faire connaître : Elles ont causé ; elles sont enchantées l'Une de l'Autre ..... Demain,

arrivera le coup-de-theatre : Nous donnerons pour Fille, à cette heureuse
Femme, la Jeune-persone dont-elle de-
sire le plûs d'être la mère.

¶ Si Quelqu'un alait s'imaginer, que
ces Hiſtoriettes ſont redigées pour de-
lecter les Libertins ét les Libertines, il ſe
tromperait groſſièrement ! Amis des
bonnes-mœurs, M. Aquilin-des-Éſco-
pettes ét moi, nous ne peignons le
vice que pour le trahir. Nous ſommes
ſes denonciateurs. On nous a fait crain_
dre quelques applications. Nous avons
examiné. Elles resultaient, d'une faute
d'impreſſion, dans l'hiſtoire d'*Eleonore* ;
on a mis *Traiteur*, aulieu de *Fumiſte* :
Derhemi ſignifie *Dudesert*, &c. Qu'on
ne nous prête donc auqu'unes vues dif_
famatoires : Nous ne reſſemblons pas à
ces Poliçons de Colporteurs, qui ont
imprimé l'*Almanach-des-Grisetes*.

J v

4.me ét 5.me CHANTEUSES:

LILETTE, ét PENSÉE.

On se souvient que la jolie Pensée est fille d'une pauvre Femme ; ét que Lilette est petitefille-naturelle d'un President par sa Mère : On se rappelle aussi à quelle avanture étrange cette Dernière doit le jour. Elle n'est pas depourvue, comme Pensée, qui n'a que Mad. Janus, ses pauvres Parens étant morts. Lilette a dabord le legs du Libertin Priape ; puis les bienfaits de sa Mère ét de son Ayeul.

Le sort reünit, pour le talent ét pour le Protecteur, ces deux Jeunes-blondes, d'origine si differente. C'est que Lilette avait tous les charmes de *Colombe* à dixsept ans ; ét Pensée toute la mignonesse de Mad. *Saintaubin*, au même âge. Or il y avait de par le monde deux Frères, d'environ trente à trentecinq ans, celibataires tous-deux, qui étaient amoureux passionnés des deux Actrices. Celui de 35 ans aimait Colombe depuis quinze: Celui de trente ans, Mad. Saintaubin, depuis trois.

Or Colombe, à l'époque où nous en sommes, est une Fille sensée, ét Mad. Saintaubin est une Epouse attachée à son Mari. D'où il resulta, que les deux Frères n'eurent ni l'Une ni l'Autre.

Les deux Frères en furent desolés!.... Mais ayant un-jour été chés Cunegonde, chercher des *Ressembleuses*, ét n'en ayant pas trouvé comme ils les desiraient, cette Matrullê leur dit: —Je vois ce qu'il faut à ces Messieurs: Ce n'est pas ici que vous le trouverez: Alez chés Mad. Janus, rue *des-deux-Portes-saint-sauveur*: Si elle n'a pas à-present ce qu'il vous faut, elle vous le procurera dans peu de temps-.

Les deux Hommes proficèrent de ce

renfeignement, ét fe rendirent chés la Dame Janus, à laquelle ils exposèrent le fujet de leur visite. —Voyez! (leur dit-elle): Je crois avoir ce que vous demandez-. Elle donna fes ordres, ét toutes fes Filles entrèrent dans le fallon.

Du premier coup-d'œil, les deux Frères trouvèrent une reffemblance frapante entre, entre Lilette, ét Colombe à fon printemps ; entre Penfée, ét la mignone Mad. Saintaubin. Ils alèrent à elles avec empreffement, fe croyant encore chés l'Yverkop Cunegonde, ou chés Mad. Ogret. Mad. Janus modera leur fougue, en leur apprenant, à quelle condition l'on approchait de fes Elèves. Ils furent un-peu furpris! ét demandèrent du temps pour fe determiner. Mad. Janus cependant fit chanter les deux Jeunesperfones, ét elles f'en aquitèrent d'une manière qui augmenta la reffemblance avec leurs Modèles. Les deux Frères ravis,

étaient prêts à se decider , lorsque
Mad. Janus elle même les retint , en
leur proposant de leur permettre une
demi - heure d'entretien , par jour ,
avec leurs Belles, en sa presence. Ils
acceptèrent, ét ce fut ainsi que se termina la première visite.

Les deux Frères ne manquèrent pas
de se presenter le lendemain. Mad.
Janus leur tint sa parole : Lilette ét
Pensée arrivèrent seules dans le sallon:
La Maman s'occupa tout-au-bout, tandis que les deux Amans causaient avec
leurs Maîtresses, à l'autre extrêmité. La
conversation ne fut dabord que des
complimens, des adulations. Ensuite ,
on parla d'affaires. Après que les Galans eurent exposé les avantages dont
ils jouissaient, ils touchèrent une corde
delicate ; ils insinuèrent aux deux Belles,
qu'ils auraient desiré quelques details
sur leur origine. Pensée , qui était

l'idole du Cadet, raconta tout bonnement la sienne : Elle nomma sa Mère, elle dit sa demeure. L'Aîné l'écoutait attentivement ; il rougit, fit quelques questions, ét pleinement convaincu, il dit à son Frère :

—Mon Ami, voici la rencontre la plûs singulière ! Il y a dixsept à dixhuit ans, que demeurant à l'Ile-Saint-louis, chés le President d'***, notre oncle, j'alai me promener le soir, à la pointe de l'Ile : Il y vint un Garson ét une Fille, qui ne m'aperçurent pas. Les voyant se caresser, je me tins dans l'ombre. Je compris, à leurs discours, que c'étaient l'Homme ét la Femme. Jamais je n'entendis rien de si aimable, malgré leur peu d'élegance, que les discours de la Femme..... Ils s'en-retournèrent. Je les suivis. L'Homme ne rentra pas. J'entendis qu'il alait à la Hâlle pour une Fruitière. Sa Femme lui dit, qu'elle laifferait la porte ouverte , ét qu'il rentrerait fans bruit , à quatre heures.

Dès que le Mari fut éloigné , je montai doucement. C'était un coup pendable ! mais cette Jeune-femme m'avait prodigieusement ému... J'entrai. La Femme dormait deja. Je me deshabillai; je fis un paquet de mes habits avec mes jarretières , afin de pouvoir les emporter en un paquet , ét je me gliffai dans le lit. J'attendis un moment favorable , quand la Femme toute-endormie , me toucha. Elle m'embraffa , fans f'éveiller. Je me livrai à toute mon énergie. La Jeune-femme y repondit de toute la fienne. Nous paraiffions infatigables. Enfin , elle m'arrêta , en me disant : —C'eft affés, Jacob ! tu te tueras—!

—Hâ ! c'eft bien le nom que portait mon Père ! (dit Penfée).

—Je feignis de dormir. J'entendis

ſonner trois-heures.   Heureuſement
que la Jeunefemme ſ'était rendormie!...
Je me gliſſai hors du lit, je pris mon
paquet, ét j'alai m'habiller ſur le carré.

Je ne pus jamais trouver un de mes
bas.   Je deſcendis.   A la porte, j'entendis Quelqu'un.   Je me muſſai dans
l'encoignure, ét l'on entra.   C'était
Jacob.   Il trouva mon bas, qu'il ra-
maſſa, en diſant :   —C'eſt un bas-de-
ſoie-!   Je l'entendis rentrer. J'écoutai.
Il ſe coucha, ét la Jeunefemme, aubout
de quelques minutes, ſ'éveilla, ét ſauta
du lit, en diſant, —Non, non! dors!
Il faut que j'aille à mon ouvrage-! Elle
ſ'habilla, après avoir fait de la lumière.
Elle vit le bas-de-ſoie, ét dit.   —Tu
as trouvé ça? —Oui, à la porte. —A
la porte! c'eſt à la Ravaudeuse-.   Et
elle ſe tut.   Je deſcendis, ét l'entendant
elle-même deſcendre bruyamment en
ſabots : je lui tirai mon bas, ét m'eſquivai.

Cette Femme devint groſſe. Elle n'avais jamais eu d'Enfans; elle n'en eut point enſuite. On a parlé de la beauté de ſa Fille; ét je vois qu'elle reſſemble infiniment à ma Sœur *Erneſtine*, qui elle-même reſſemble à Mad. Saintaubin.... Je n'en doute pas: C'eſt ma fille! ét tu ſeras mon gendre-.

On ſe felicita de cette decouverte ſingulière, puis on demanda l'hiſtoire de Lilette.

Cette Jeuneperſone la fit avec la même ſincerité que ſa Compagne. Les deux Frères connaiſſaient le trait de Priape, ét au nom de la Mère de la Jeune-Cantatrice, ils trouvèrent en elle une Cousine-iſſue-de-germaine.

Tout ce qu'on vient de lire avança beaucoup les mariages : Car le jour ſuivant, l'on vit arriver les deux Frères avec deux Dames. L'une était Erneſtine, leur ſœur, l'autre, la Presidente de-****, mère de Lilette. Avant de leur montrer les deux Jeunes-Cantatrices, on pria Mad. Janus de les faire paraître avec toutes leurs Compagnes. On conduisit ensuite les deux Dames dans le salon, ét on les pria de les deviner! La Présidente les regarda toutes: Elle s'arrêta ensuite sur Lilette, en disant: —La voila—. On l'amena dans ses bras. Erneftine chercha ensuite sa Nièce, ét la reconnut également, à sa reffemblanee avec elle.

Il ne s'agiffait plus que de favoir comment on ferait, pour les presenter dans le monde. Il fut decidé qu'on diffimulerait abfolument leur hiftoire; que les mariages fe feraient fecrettement, ét qu'enfuite, on donnerait les Nouvelles-épouses pour deux Orfelines, après les avoir greffées fur deux vieilles tiges. Mais on a mis dans les actes, les vrais noms ét la verité.

Nous pouvons certifier, que ces deux Jeunesperſones, adorées de leurs Maris, en ſont vraiment dignes, ét qu'elles rendent le bonheur qu'on leur donne.

Nota. Quelqu'un, à quî nos Feuilles ſont communiquées, à-meſure qu'on les tire, a fait deux obſervations, L'Une, ſur la *Fille* appelée *COQUINE*, qui a fait perir ſon Enfant. On a craint que nous ne fuſſions ſes denonciateurs, pour un crime capital. M. Aquilin-des-Eſcopettes aſſure, qu'elle n'exiſte plus.

La ſeconde eſt au-ſujet du Garde-nationale, qui maltraitait une Fille, dans une des alées du *Club*. M. Aquilin a pretendu, par ce recit, engajer nos Patriotes-militaires à ſe reſpecter eux-mêmes. Nous ajoutons ici, avec joie, que ce but eſt rempli.

6, 7, 8, 9, 10, 11, ét 12.mes

CHANTEUSES:

SOUCIE, ét GENETINE;

MUSCADINE, ét GRENADE;

PIÉDALOUETTE, ABRICOTE, ét FELICITÉ.

On fait que Soucie eft fille de la blonde Moufſelinière, ét que Genetine eft ſœur de Bluette, Barberoſe ét Tulipette.

Soucie a la voix douce, harmonieuſe, touchante : Genetine l'a ſonore, argentine. Lorſqu'elles chantent enſemble, elles produiſent un effet ſurprenant !... Un-jour qu'elles étudiaieut une ariette nouvelle, ét qu'elles ſe concertaient, deux Seigneurs Polonais, nouvellement logés dans un hôtel du voiſinage, ſe trouvèrent fous la fenêtre du fallon. L'Un d'eux dit à l'Autre : —Voila deux voix delicieuses ! —Je gaje, à difcretion (dit le Comte *Staniflas*), que Celle qui a la voix douce eft blonde, charmante, ét tendre? Je gaje, à difcretion, que l'Autre eft brune, éveillée, volage? —Je gaje que la voix douce eft brune (repondit le jeune Prince *Sigifmond*) ; que la voix argentine eft blonde, ét que toutes - deux font des Femmes de vingtcinq ans, d'une beauté mediocre-? Chaqu'un des deux posa fa gajûre ; puis f'étant informés de la Maison, ils y entrèrent.

Mad. Janus les reçut. Elle les écouta, fourit, en leur disant : —Ce n'eft pas tout, Mesfieurs ; il faut deviner les deux Cantatrices, au-milieu du grouppe de leurs Compagnes? (C'étaient Muf-cadine, Abricote, Piédalouette, ét Felicité).

En voyant fept Jeunesperfones charmantes, les deux Seigneurs étrangers parurent dans le plûs grand étonnement!... —Madame (dit le jeune Prince), il faut ici fermer les ieux, pour ne pas être ébloui. Je confeffe, que je ne puis reconnaître, à la figure, Celles qui ont chanté-. Le Comte, après un long examen, en dit autant. Les Jeunesperfones fourirent. Mad. Janus les fit toutes fortir, ét d'une pièce voisine, Mufcadine fit entendre les fons d'une voix brillante, en chantant le rôle d'Euridice.

—Ce n'eft pas Celle-là! (dirent les deux Polonais).

Abricote chanta une ariette de *Zemire-Azor.*

—Ni Celle-ci (dirent les Polonais).

Grenade chanta une fcène du rôle d'*Alcefte.*

—Ce n'eft pas Une des nôtres! (f'écrièrent les Etrangers).

Piédalouette chanta une ariette de *Nina.*

—Ni Celle-ci.

Felicité se fit entendre. C'était un son-de-voix doux, melodieux.

Les Polonais hesitèrent. Elle continua, ét ils assurèrent que ce n'était pas une de leurs Cantatrices.

Enfin Genetine ét Soucie executè-rent les morceaux que voici.

Genetine.

C'est pour vous même
Que je vous aime :
Par ma langueur,
A votre cœur
Je voulais plaire :
Si la gaîté,
Si le mistère,
L'agilité,
L'activité,
L'amenité
De caractère,
Conviennent mieux ;
J'espère,

L'avoir à vos ieux !
Mais aucontraire,
Si la rigueur
Si la pudeur
Sevère,
Devaient faire
Votre bonheur,
Je sens mon cœur ;
Il gemira,
Ressentira
La gêne amère ;
Mais il se soumettra,
Deguisera
Une flame si chère,
Comme il pourra.

Soucie.   Fille charmante !
Ta voix touchante
Rend un Epoux
A Celle que ce rendevous
Avait trahie,
Et Rosalie
Fixant mon cœur,
Est son vengeur.

Genetine. Quoi ! deja volage !
Deja vous cessez

De

De me rendre hommage,
Et vous l'adreffez
A Celle que vous delaiffez!

Reconnaiffez l'Objet qu'outrage
Votre legèreté!
Urfule a chanté,
Elle vous a dompté
Par fa melodie!
Dites je vous prie,
Eft-il Beauté
Plûs accomplie?
Je vous defie
De me citer,
De me vanter
Femme jolie
A l'égaler?

Soucie. Cette voix fi tendre,
Je n'ai pu l'entendre,
Sans être touché!...
J'ai cherché,
D'étrange forte,
Un bonheur lointain,
Qu'à ma porte
J'avais fous la main?
Autre mode.

II Partie.   K

Mon cher Epoux !
Pardonnez-vous
La tromperie
Que Rosalie
Vous fait pour nous !
De vous deplaire
J'avais bien peur !
Elle ét ma Sœur
Ont voulu faire
Ce tour menteur !
De mon scrupule
Elles ont ri :
Mais un Mari,
Peut se fâcher
Qu'on dissimule
Pour le toucher !

—Les voila ! les voila ! (s'écrièrent les deux Etrangers).

—Une des deux va paraître : devinez-la ? (dit Mad. Janus, qui possedait au suprême degré l'art d'exciter l'interêt, par les retards)…. Elle amena Genetine.

A son air modeste ; à ses regards emperés, par la timidité, le Jeune-

Prince lui donna la voix douce, ét son cœur. Le Comte, plûs experimenté, la fit rire. Genetine voulut le faire, en chantant une ariette, tirée d'une Pièce non-encore-jouée, ét mise en musique par son Maître.

Enverité, Monſieur plaisante !
Hé-oui, vraiment, ce ton m'enchante !
Le Fat ! me donne mon congé....
Bién-obligé !
Há ! pauvre Amante !
Il a changé,
S'eſt degagé !
Avec une Infante
Il ſ'eſt arrangé !
(*pleurant*) Hà hà hâ ! (*riant*) Hà hâ hâ !
Il n'a pas menagé
Une flâme naiſſante !
Il a negligé
Affligé,
Derangé,
Ravagé
Le cœur qu'il a plongé
Dans une douleur étonnante !
(*pleurant*) Hâ hâ hâ ! (*riant*) Hâ hâ hâ !

Je redige,
Je tranfige,
Et j'exige
Qu'on fuftige,
Après l'avoir interrogé,
Cet Amant fi mal-dirigé!
C'eft un vertige,
Que le pauvre Homme a,
(*pleurant*) Hì hâ hâ! (*riant*) Hà hâ hâ!
Je le plante-là! (*Elle fort*).

Le Comte affura, qui reconnaiffait fa Belle à fa voix argentine.... —Vous auriez perdu (f'écria le Jeune-Prince), vous avez dit, qu'elle était brune–!

Mad. Janus leur confeilla d'attendre, Elle fit entrer Soucie. Au fon de fa voix parlée, les Polonais f'accordèrent à lui donner l'organe le plûs doux : mais alors, le Comte avait doublement perdu. Le Jeune Prince lui fit grâce du prix de la gajûre à-difcretion, qu'il aurait pu fixer très-haut, ét demanda feulement le privilége du choix ? (car il fe

croyait dans une maison-de-plaisirs-fa-
ciles). Mad. Janus, qui lut dans ſa
penſée, lui donna les éclairciſſemens
neceſſaires. —Hébien , je perſiſte à
demander le choix (repondit-il), pour
faire à Mademoiſelle tout le bien que
je pourrai-? Le Comte ſ'empreſſa d'y
conſentir : car il preferait Genetine :
de-ſorte que les deux Hommes furent
d'accord.

Ils demandèrent alors, ſ'ils ne pour-
raient pas avoir leurs Belles pour Cantatrices ? Mad. Janus leur apprit alors,
qu'elle ne confiait ſes Elèves , ſurtout
aux Jeunesgens, qu'après un depôt reel
ét ſolide, qui repondît des évènemens ,
ſi elles étaient trompées , par un Per-
fide, ou un Temeraire. Elle exigea le
fond de douzemille - livres de rentes.
Elle ne ſ'attendait pas à ſe voir priſe
au mot ! Les Seigneurs Polonais, tous-
deux exceſſivement riches , offrirent

également de deposer, avant que d'obtenir la société de leurs Belles; ét cette affaire fut remise au lendemain.

Mad. Janus les avait prefqu'oubliés, lorfqu'ils reparurent, avec cinq de leurs Compatriotes, des plûs riches Familles du Pays. Ces Nouveaux-venus firent chanter les Cantatrices, ét choisirent Chacun celle qui leur convenait. Felicité eut un Jeunehomme, encore fous la conduite de fon Gouverneur; Abricote un Celibataire de trentecinq ans, Piédalouette, un Officier de vingtcinq; Grenade, un Prince R—l; ét Muf-cadine, un Seigneur Ruffe.

On effectua les fept depôts le jour même. Les conditions furent, que les Amans pourráient emmener les Belles dans leurs Pays; à-condition de les bien traiter, de les defrayer, de leur faire un fort, ét, dans le cas d'un fujet-de-plainte legitime, comme renvoi, injures, mauvais-procedés, ou la maternité, de leur laisser le depôt, sans avoir d'autre arbitre que Mad. Janus.

Tout étant ainsi disposé, la Maman laissa librement voir ses Elèves, jusqu'au depart. Aucqu'une ne devint enceinte à Paris: mais comme toutes écoutèrent leurs Amans, les depôts furent gâgnés, les Amans le reconnurent, ét l'argent fut placé. Une condition nouvelle, agreée de toutes les Parties, c'est que les rentes resteraient sous la tutelle de Mad. Janus.

Tous les Amans emmenèrent leurs Cantatrices. Grenade ét Muscadine, qui étaient sœurs, ét qui connaissaient leur Mère, se sont mariées à Warsovie, ét sont revenues à Paris, avec leurs Maris, avec chaqu'une trois Enfans: Elle ont fait la consolation de la Papetière.

Soucie ét Genetine, sont comtesses, ét princesses en Pologne.

Felicité jouit du même bonheur.

Abricote, ét Piédalouette, ont été les moins fortunées : Leurs Amans voulurent les vendre, à-la-charge de retirer leurs depôts, dont se chargeraient les nouveaux Amans. Mais Ceux-ci ne purent jamais plaire. Abricote ét Piédalouette vendues, pour ainfi-dire, prirent la fuite, arrivèrent à Berlin, où le Directeur de la Troupe-française de Comediens, les fit paffer pour des actrices, ét revinrent à Paris, où elles fe font mariées, l'Une à un Marchand-Drapier, ét l'Autre à un Notaire.

Nous terminons ici l'hiftoire des Cantatrices de Mad. Janus, ét nous alons parcourir fa quatrième Clâffe.

FIN de la Seconde Partie.

www.ingramcontent.com/pod-product-compliance
Lightning Source LLC
LaVergne TN
LVHW010955180726
843502LV00004B/1210